Martin Beer

Lebenslang Morgenkreis

Gewidmet den Helden in Cordhosen

Martin Beer

Lebenslang Morgenkreis

Der ultimative Ratgeber für Grundschullehrer/innen

BELTZ

Martin Beer wurde 1977 in Frankfurt eingeschult. Seit 1996 unterrichtet er als einer der wenigen Männer an verschiedenen Grundschulen in Frankfurt und Offenbach.

FSC
www.fsc.org
MIX
Papier aus verantwortungsvollen Quellen
FSC® C089473

Dieses Buch ist erhältlich als:
ISBN 978-3-407-25803-8 Print
ISBN 978-3-407-63107-7 E-Book (PDF)
ISBN 978-3-407-63112-1 E-Book (EPUB)

1. Auflage 2018

in der Verlagsgruppe Beltz · Weinheim Basel
Werderstraße 10, 69469 Weinheim

Lektorat: Miriam Frank
Layout/Reihenkonzept: glas ag, Seeheim-Jugenheim
Umschlaggestaltung: Michael Matl
Umschlagabbildung: © Jonathan Bachmann

Herstellung und Satz: Michael Matl
Druck und Bindung: Beltz Grafische Betriebe, Bad Langensalza
Printed in Germany

Weitere Informationen zu unseren Autoren und Titeln finden Sie unter: www.beltz.de

Inhalt

Liebe Leserinnen, liebe Leser,

bevor es losgeht, noch ein paar kurze Worte in eigener Sache.
Ursprünglich sollte dieses Buch ganz anders heißen:

Allein unter Frauen

Ein Mann in der Grundschule

Aus einem mir nicht begreiflichen Grund war der Verlag dagegen. Es gäbe da ein klitzekleines Problem mit der Zielgruppe. An wen solle sich der Text denn richten?

»Na, an zukünftige Grundschullehrer«, antwortete ich keck.

Daraufhin war es lange still am Telefon.

»Zukünftige Grundschullehrer …« Noch heute wird viel gelacht im Verlag.

Lebenslang Morgenkreis richtet sich ausdrücklich an werdende Grundschullehrer/innen. Natürlich sind das ausnahmslos Frauen. Wer sollte das besser wissen als ich selbst. Dennoch habe ich die Hoffnung nicht aufgegeben. Vielleicht kann dieses Buch ja einen kleinen Beitrag leisten und, wer weiß, die zehnte oder elfte Auflage dann unter dem ursprünglichen Titel erscheinen.

Post

Ich habe Post bekommen. Ein Schulbuchverlag schickt neue Prospekte. Der Inhalt interessiert mich nicht. Werbung. Nur ein flüchtiger Blick auf das Adressfeld, bevor das Schreiben wie selbstverständlich im Altpapier verschwindet: Natürlich. Es ist wieder da. Das kleine a. Nur ein einziger Buchstabe, der doch so viel verändert. Sie haben es wieder falsch gemacht! Seit achtzehn Jahren der gleiche Fehler. Man kann es ihnen nicht verübeln. Sie wissen einfach nicht, dass es uns gibt: Grundschullehrer. Richtig, Lehrer. Männer, die Kindern das Lesen, Rechnen und Schreiben beibringen. Ganz kleinen Kindern. Erstklässlern! Und die heißen eben nicht Martina Beer.

Aber warum ist das so? Warum weigern sich so viele Männer beharrlich, den besten Beruf der Welt zu ergreifen? Grundschullehrer/in. Vormittags wird gebastelt und nachmittags hat man frei. Ein Halbtagsjob, ohne Aussicht auf Karriere und gesellschaftliche Anerkennung. Nicht gerade männlich. Kann man bewaffnet mit Klebestift und Zackenschere ernsthaft seinen Lebensunterhalt bestreiten?

Die Antwort ist ebenso einfach wie wahr: Ja, man kann. Und es macht einen Heidenspaß. Dieses Buch soll dazu beitragen, alle Vorurteile über unseren Beruf zu bestätigen, denn dazu sind Vorurteile schließlich da.

Dennoch wird es Zeit, etwas zu ändern. Junge Männer, strömt in die Schulen! Ergreift den lustigsten und abwechslungsreichsten Beruf der Welt und überlasst die Erziehung der nächsten Generation nicht allein dem weiblichen Geschlecht. Das rächt sich. Lest dieses Buch, verschenkt oder verleiht es an andere Unentschlossene und stellt eure Weichen für eine glückliche Zukunft. Bevölkert die Lehrerzimmer dieses Landes und lasst uns in den Pausen dann ausschließlich über Fußball reden!

Es wäre mir eine Freude, euch kennenzulernen.

Teilnahmebescheinigung

Frau Martina Beer

hat im Rahmen der Fortbildungsreihe

„Diagnose – Förderung in Deutsch / Mathematik und Förderplanung in der Grundschule“

an der Goethe Universität Frankfurt

an folgenden Workshops teilgenommen:

Rechtschreibkompetenz und Förderung im Ber

Unnötig zu erwähnen, dass ich auch bei dieser Fortbildungsveranstaltung der einzige Mann war. Für die Beschriftung der Teilnahmebescheinigung spielte das nur eine untergeordnete Rolle.

Wie alles begann

Am Anfang war ich wie ihr – suchend, unentschlossen. Nachdem sich die kindlichen Tagträumereien beruflicher Karrieren als Zoodirektor, Astronaut oder Fußballprofi in Luft aufgelöst hatten, folgten ebenso wenig realistische Vorstellungen, als Rockstar oder Schauspieler zu Ruhm, Ehre und Geld zu gelangen. Die Arbeit in einem Getränkemarkt konnte mich für kurze Zeit wieder erden, doch wusste ich nach dem Abitur immer noch nicht, in welche Richtung es einmal gehen sollte, bis auf die Gewissheit, dass ich den Getränkefachhandel für alle Ewigkeit ausschließen konnte.

Gut, dass es den Staat gibt, der mir nur eine Woche nach der Beendigung meiner Schullaufbahn einen Einberufungsbescheid zustellte. Ich hatte ganze drei Wochen Urlaub, bevor ich pünktlich meinen Zivildienst antreten musste. Damals konnte ich dieser Zwangslage nur bedingt etwas Positives abgewinnen, im Nachhinein war es ein Sechser im Lotto.

Zivildienst

Den Wehrdienst zu verweigern war in meinem Freundeskreis mehr oder minder eine Selbstverständlichkeit. Wir trugen lange Haare, verbargen unsere von Akne und Bartflaum geprägten Gesichter hinter nie gewaschenen Palästinensertüchern, demonstrierten gegen prinzipiell alles, brüllten sinnfreie Parolen wie »Hopp, hopp, stopp« in den von Smog behangenen Himmel der Großstadt und malträtierten unschuldige Wandergitarren im Dunst von Dosenbier und selbstgedrehten Zigaretten. Mit anderen Worten: Wir schissen auf das System, so gut man das als braver Mittelstandssohn Ende der achtziger Jahre eben tun konnte. Niemand, der seine fünf Sinne beieinander hatte, wollte sich freiwillig im Gleichschritt über einen nordhessischen Kasernenhof scheuchen lassen und seine Unterwäsche rechtwinkelig falten. Wir waren es gewohnt, selbst zu brüllen, auch wenn uns dabei nur selten jemand zuhörte. Wie man seine Unterhosen korrekt zusammenlegt, sollte mich erst viele Jahre später interessieren.

Meine schriftliche Verweigerung trieb selbst dem hartgesottensten Militaristen die Tränen in die Augen. Die Musterung ließ ich leidenschaftslos über mich ergehen. Nach all den Zensuren in dreizehn Jahren Schule bekam nun auch mein Körper eine Note. Das Kreiswehrersatzamt Eschborn-Süd beurteilte den achtzehnjährigen Leib mit *befriedigend,* der Standardnote für alle Verweigerer. Die Friedenstypen bekamen befriedigend. Bei der Bundeswehr fand man solche Wortspiele noch witzig.

Ich ging in dem festen Bewusstsein, die richtige Entscheidung getroffen zu haben. Körper Drei, Geist Zwei, dachte ich damals – es gibt schlimmere Ausgangslagen.

Eine Zivildienststelle zu finden, war schwieriger als gedacht. Wer nicht gerade in der Pathologie Leichen waschen oder auf einer weit entlegenen Nordseeinsel Seevögelgelege zählen wollte, musste ein hohes Maß an Eigeninitiative aufbringen. Da ich nicht getauft bin, fielen auch alle kirchlichen Stellen weg. Am Ende wandte ich mich in höchster Not an eine nahe gelegene Behindertenwerkstatt, um die wir als Kinder immer einen weiten Bogen gemacht hatten. Angegliedert war das Behindertenwohnheim.

Ein bereits erfahrener Zivi führte mich durch die Einrichtung. Auf dem Bett eines Bewohners entdeckte er verdächtige Flecken. »Kacke oder Schoko«, mutmaßte er und zog seinen Zeigefinger prüfend durch die braunen Schlieren.

Mir wurde augenblicklich schlecht.

Herausfordernd betrachtete er den Abstrich. Dann steckte er sich den Finger in den Mund und überließ seine Zunge ihrem Schicksal. »Glück gehabt«, resümierte er schließlich.

Die wirklich harten Jungs robbten nicht mit einer G36 durch den Schlamm.

Der Empfang der Bewohner war nicht minder herzlich. Zwei Behinderte gaben mir sachlich die Hand, ein dritter fiel mir um den Hals und küsste mich feucht auf den Mund. Zivitaufe. Ich überstand auch diese Prüfung und bekam die Stelle.

In der Theorie wurden wir Zivis, wie man uns im allgemeinen Abkürzungswahn dieser Zeit hartnäckig nannte, einem Gruppenleiter zugeteilt, unter dessen Anleitung man dann eine Gruppe von Behinderten dazu anwies, ihre Arbeit in der Werkstatt zu tun. So weit, so gut. Aber wie immer im Leben liegen Theorie und Praxis in zwei weit entfernten Galaxien und haben noch keine Möglichkeit gefunden, miteinander Kontakt aufzunehmen. Meine Gruppenleiterin war krank und sollte es die nächsten fünfzehn Monate auch bleiben. Das sagte man mir natürlich nicht gleich. Die bittere Realität wurde mir vielmehr häppchenweise und in handlichen Portionen neuer Ausflüchte und Notlügen dargereicht, damit ich nicht sofort schreiend davonlief.

Da stand ich nun, neunzehn Jahre alt, mit den Erfahrungen aus dreizehn Jahren Schule und drei Jahren Getränkemarkt, und blickte in die Augen von 16 erwartungsfrohen Behinderten. Auf meinem Schreibtisch lag ein Zettel mit dem Hinweis, dass »der Auftrag« dringend nächste Woche rausmüsse. Wer oder was auch immer der Auftrag war, ich hätte gern mit ihm getauscht.

In meinem Gruppenraum roch es nach Sabber und Bohnerwachs. Unter den Behinderten gab es eine klare Hackordnung. Gisela, die als einzige Briefmarken kleben durfte, übernahm meine Einarbeitung. Ilse war für das Kaffeekochen zuständig. Harry holte die Postkästen mit der Sackkarre. Die anderen tüteten diverse Werbeprospekte ein. Da hier niemand bis zehn zählen konnte, gab es noch eine Gruppe, die das Prospektmaterial mit Hilfe von Zählbrettern zu kleinen Stapeln vorsortierte. Zwei Mitglieder meiner Gruppe waren aufgrund ihrer Behinderung ausschließlich dazu in der Lage, diese Stapel von einem Mitarbeiter zum nächsten zu schieben. Aber auch diese Aufgabe erfüllten sie mit Hingabe.

Neunzig Prozent unserer Zeit verbrachten wir mit solchen Kuvertierungsarbeiten. Die Werkstatt war froh, überhaupt noch Aufträge an Land zu ziehen, denn im Knast arbeitete man für wesentlich günstigere Konditionen. Jeder Tag, an dem die Behinderten arbeiten konnten, war ein guter Tag. Mit freier Zeit wussten sie nichts anzufangen und all meine Versuche, es mit Malen, Basteln oder sonstigen Beschäftigungstherapien zu versuchen, schlugen fehl. In der Regel ging es darum, die Stimmung hochzuhalten, denn schlechte Laune konnte unvermittelt in Tobsuchtsanfälle umschlagen und dann flogen gern mal Postkästen durch den Raum.

Zu meinem Glück war ich mit meinem Schicksal nicht allein. Acht weitere Zivildienstleistende fristeten ihr Dasein in dem roten Backsteinbau. Einer davon saß ausschließlich im Keller und verbrachte seine fünfzehn Monate damit, nicht entdeckt zu werden. Die Solidarität war groß. Wir teilten Eindrücke und Zigaretten, und zu meiner Überraschung waren die im Getränkemarkt gesammelten Erkenntnisse tatsächlich zu etwas nütze. Hier musste man anpacken. Zum Nachdenken war schlichtweg keine Zeit.

So fragwürdig meine Einarbeitung in der Werkstatt auch war, kam ich von Tag zu Tag immer besser zurecht. Meine Gruppe lief – nicht immer dahin, wo ich mit ihr hinlaufen wollte, doch gab es insgesamt nur wenig zu beanstanden. Die Arbeit wurde termingerecht erledigt und durch einen – mir unerklärlichen – Umstand wurde ich tatsächlich als eine Art Autoritätsperson wahrgenommen. Die Behinderten wuchsen mir ans Herz und selbst der Kellerzivi wagte sich mittlerweile zur Mittagspause ans Tageslicht. Alles in allem war es ein prima Job, den man allerdings rechtzeitig wieder loswerden musste.

In der Behindertenwerkstatt war jeder Tag Murmeltiertag. Fünfzehn Monate passierte exakt dasselbe. Jeder Tag folgte dem gleichen Muster. Abwechslung hieß der Todfeind der Behinderten. Nichts durfte verändert werden. Jede noch so kleine Abweichung im Tagesablauf zog wieder unkontrollierbare Tobsuchtsanfälle nach sich. Fünfzehn Monate musste ich Peter Maffay hören. Ich wiederhole, fünfzehn Monate musste ich Peter Maffay hören. Für achthundert Mark Sold!

Ein Blick in die anderen Gruppen genügte, um festzustellen, wie meine Zukunft aussehen würde. Viele Gruppenleiter, die den Job seit Jahren erledigten, hatten längst aufgegeben. Phlegmatisch saßen sie an ihren Schreibtischen und wackelten nur noch hospitalistisch vor sich hin. Die Grenzen zwischen Behinderten und Gruppenleitern waren fließend. Der immer gleiche Rhythmus hielt sie gefangen in der Einöde nimmer endender Gleichförmigkeit.

Als ich nach fünfzehn Monaten zum letzten Mal über alle sieben Brücken gegangen war, erschien mir meine Zukunft ebenso ungewiss wie zuvor, doch ich hatte wertvolle Erfahrungen gesammelt, die für meinen weiteren Weg wirklich hilfreich waren.

Aus Mangel an Ideen machte ich es wie die Mehrheit meiner Freunde, die anfingen, irgendwas zu studieren. Der Rest würde sich finden. Im Studienführer der Johann Wolfgang Goethe-Universität entdeckte ich schließlich die entscheidende Seite:

Lehramt an Grundschulen, Regelstudienzeit sechs Semester.

Das klang überschaubar. Drei Jahre. Ich hatte drei Jahre lang Getränkekisten gestapelt, was sollte an der Uni schlimmer sein? Überglücklich, eine Entscheidung getroffen zu haben, schrieb ich mich ein.

Zur selben Zeit hatten hundertzehn Frauen und drei Männer die gleiche Idee.

Das Studium

Hundertzehn Frauen sind verdammt viel. Das wurde mir bei der Einführungsveranstaltung klar. Der Saal war voller Frauen. Mit meinen ein Meter neunzig hatte ich den perfekten Überblick. War ich wirklich im richtigen Raum? Die Uni ist groß und verwinkelt. Da kann es leicht passieren, dass man sich verläuft.

Und tatsächlich war es schwieriger als gedacht. Die meisten Fachbereiche waren nicht an der Hauptuni angesiedelt. So war das Fach Kunst in einer stillgelegten Fabrik untergebracht. Das alte Gemäuer hatte unzureichend schließende Fenster und keinerlei Heizkörper. Die perfekte Vorbereitung auf eine innerstädtische Schule, aber das wusste ich damals noch nicht.

Sind das viele Frauen, dachte ich stattdessen und blickte weiter suchend um mich. Über hundert Frauen und keine schenkte mir nur ein Promille ihrer Aufmerksamkeit. Hier war irgendetwas faul.

Überall im Raum wurde aufgeregt getuschelt. Ich versuchte zuzuhören, doch ich verstand kein einziges Wort. Neben mir machte man sich eifrig Notizen. Ich suchte verzweifelt nach einem Stift, als mich jemand unvermittelt am Ärmel zog.

»Hey!«, sagte der Fremde. »Komm mit!« Der Typ war in etwa so groß wie ich und zerrte mich entschlossen hinter sich her. Wir bahnten uns eine Schneise durch die weiterhin aufgewühlt vor sich hin schwatzenden Frauen. Erst in einer Ecke des Raumes ließ er wieder von mir ab.

»Wie heißt du?«, fragte er hastig.

»Martin«, antwortete ich wahrheitsgemäß.

»Gut«, sagte er und zeigte mit dem Finger auf einen Dritten. »Das ist Ritschi.« Dann verschwand er, so schnell wie er gekommen war, wieder in der Menge.

Ritschi hieß eigentlich Peter, wurde aber aufgrund seines Nachnamens, der überraschend oft den Buchstaben Y enthielt, von allen nur Ritschi genannt. Er war zehn Jahre älter als ich und hatte bereits ein Studium abgeschlossen. Aufgrund der geringen Verdienstmöglichkeiten im sozialen Bereich hatte er sich dazu entschlossen, nun doch auf Lehrer umzusatteln. Die Aussicht auf ein besseres Gehalt, kürzere Arbeitszeiten und mehr Urlaub hatten ihn dazu bewogen, noch einmal komplett von vorn anzufangen. Ganz so falsch konnte ich es also nicht gemacht haben.

Keine fünf Minuten später war der Fremde wieder da. Im Schlepptau hatte er einen weiteren verwirrt vor sich hin starrenden Geschlechtsgenossen. Thomas hatte Oberarme wie andere Leute Oberschenkel und war sichtlich erleichtert, uns gefunden zu haben. Er nickte einmal freundlich in die Runde. Dann ergriff der bislang noch Unbekannte wieder das Wort.

»Wie's aussieht, sind wir vollständig«, hob er an. »Bin jetzt zweimal komplett durchgelaufen. Mehr sind wir nicht. Was habt ihr nächste Woche vor?«

Wir blickten ihn ratlos an. Das war unsere erste Studienwoche, was sollte man da vorhaben.

»Gut«, sagte er. »Dann gehen wir zelten.«

Wir verbrachten die erste Woche des Semesters am Langener Waldsee und legten uns einen Schlachtplan für die nächsten drei Jahre zurecht. Gunther, der uns alle zusammengebracht hatte, organisierte Verpflegung und Getränke. Wir saßen am Grill, tranken Bier und redeten sinnloses Zeug.

Ohne diese Woche hätte ich mein Studium niemals durchgezogen. Schon nach wenigen Wochen an der Uni stand fest:

In meinem Paradies muss es auch Männer geben.

Wollknäuelwerfen

Ich weiß nicht, wie oft ich es getan habe, aber ich habe es getan. Ich schäme mich ein wenig, wenn ich darüber schreibe, aber es ist die Wahrheit. Während andere Studenten sich mit der komplizierten Weltwirtschaftslage auseinandersetzten oder lernten, wie man am offenen Herzen operiert, warfen wir ein buntes Wollknäuel durch die Luft und erzählten von unseren Hobbys.

»Hallo, mein Name ist Melanie. Ich fahre gern Fahrrad und lese historische Romane. An Kindern gefällt mir, dass sie immer die Wahrheit sagen.«

»Hallo, mein Name ist Martin, und ich würde mich jetzt am liebsten an die Trinkhalle stellen. An Kindern mag ich, dass sie Langweiler-Tussis wie Melanie einfach auslachen«, hätte ich gern gesagt. Stattdessen schämte ich mich leise vor mich hin und faselte irgendwas von Kreativität und kindlich-entwaffnender Ehrlichkeit, was zumindest nicht komplett erlogen war.

Nach und nach spannten sich die Wollfäden zwischen all den Melanies und Vanessas zu einer Art Spinnennetz zusammen. Was uns das bringen sollte, habe ich bis heute nicht begriffen, aber beinahe jede Dozentin im ersten Semester nutzte dieses Ritual. Ob in den Universitäten dieses Landes immer noch Wollknäule geworfen werden, ist unklar. Viele Betroffene wagen es bis heute nicht, darüber zu sprechen. Wenn ihr weitere Erkenntnisse dazu habt, schreibt mir eine E-Mail. Ich werde sensibel mit euren Daten umgehen. Mein Ehrenwort.

Von der Linie befreit

Mein Studium war, es mag eine Ausnahme sein, nicht sonderlich niveauvoll. Als angehende Grundschullehrerin hatte man sich für drei Fächer zu entscheiden. Eines davon musste Mathematik oder Deutsch sein, die beiden anderen waren frei wählbar. Mittlerweile müssen alle Studentinnen, denn Studenten gibt es nicht, Mathematik und Deutsch studieren. Dazu ist lediglich nur noch ein Fach wählbar. Später, im Referendariat, schrumpft die Anzahl der zu unterrichtenden Fächer dann wieder auf zwei. Welcher Logik das folgt, war und bleibt wohl immer ein gut gehütetes Geheimnis.

Neben den klassischen Schulfächern mussten während des Studiums die Bereiche Pädagogik, Grundschuldidaktik, Soziologie, Politik und Pädagogische Psychologie abgedeckt werden. Von zwei dieser Fachbereiche durfte man sich nach einigen Semestern wieder trennen, sodass bis zur Prüfung noch sechs Fächer übrig blieben.

In allen Fächern wurde man, gelinde gesagt, von den übrigen Studenten als Idiot angesehen. Die ohnehin schon bis zum Bersten überfüllten Hörsäle waren nicht darauf ausgelegt, noch eine verwirrt dreinblickende Schar überwiegend blonder Minnie-Mouse-Pulloverträgerinnen aufzunehmen. Lehramtsstudentinnen waren in den meisten Fachbereichen nicht willkommen. Der Anspruch meines Studiums manifestierte sich allein darin, Kurse zu finden, aus denen man nicht direkt wieder hinauskomplimentiert wurde. Inhaltlich begnügte man sich, um es positiv zu formulieren, meist mit dem Wesentlichen. Besonders viel lernten wir nicht, und was wir erfuhren, war nur in den seltensten Fällen brauchbar.

Die Universität war bevölkert von sonderlichen Randexistenzen, denen man im realen Leben keinerlei Überlebens-Chancen eingeräumt hätte. Viele der Professoren oder Dozenten mussten ihre ganze Energie dafür einsetzen, die täglichen Dinge ihres Lebens zu bewältigen, da blieb für die Lehre und deren Vorbereitung einfach keine Zeit. Ein Geografieprofessor, der kürzlich von seiner Frau verlassen worden war, zog einfach in sein Büro. Kürzlich war in diesem Fall ein recht dehnbarer Begriff, denn auf Nachfrage berichteten ältere Studenten, dass dieser Zustand nun schon einige Jahre andauerte. Jeden Morgen schlurfte er geistesabwesend auf der Suche nach einer freien Toilette im Bademantel durchs Institut.

Auch der Pflege von Haustieren widmete sich das Lehrpersonal mit Hingabe. Zahlreiche Vorlesungen wurden von treu blickenden Hunden begleitet. In meiner Soziologieprüfung war ich zum Großteil damit beschäftigt, einen mannshohen Schäferhund zu bändigen. Aufgeregt schnüffelte das Tier an meinen Genitalien, während der Professor gelangweilt aus dem Fenster glotzte und dem Messeturm seine Fragen stellte.

So verständlich es war, dass man uns Lehrerinnen in den Nebenfächern keinerlei Aufmerksamkeit schenkte, so unverständlich erschien es, dass es in den eigentlichen Studienfächern oft nicht anders aussah. Mein Hauptfach war Kunst. Die Aufnahmeprüfung hatte ich mit Ach und Krach bestanden. Fünfzig Prozent waren durchgefallen, man konnte also einiges erwarten. Es brauchte nicht mehr als eine Einführungsveranstaltung, um all meine Fantasien von einem anspruchsvollen Studium wieder im Keim zu ersticken.

Eine über und über mit Silber behangene Professorin betrat den Raum und schaute uns aus entrückten Augen an. Auf jedem Platz lag ein übergroßes Blatt Papier. Wir nahmen uns Bleistifte zur Hand und warteten gebannt auf die erste Aufgabe.

Die grau gelockte Dame begrüßte uns mit hoher Singstimme. Anschließend mussten wir aufstehen und unsere Arme wild durch die Luft kreisen lassen.

Nach dieser lockeren Aufwärmphase wurden die Rollos heruntergelassen und das Licht gelöscht. Aus einem CD-Player erklangen verwirrende Free Jazz-Improvisationen. Die Professorin summte einige Töne mit und sang die Arbeitsanweisungen bar jeder Melodie in den Raum: »Fühlen Sie die Musik. Lassen Sie Ihren Stift über das Papier kreisen. Spüren Sie die organischen Formen. Befreien Sie sich von der Linie!«

Eine halbe Stunde später gab es wieder Licht. Die von der Linie befreiten Studenten hatten für heute genug gelernt. Die bekritzelten Papiere verschwanden allesamt im Altpapier.

Den Rest des Tages verbrachte ich wie üblich im KOZ. Anfänglich dachte ich, das Café KOZ war dereinst – aufgrund zahlreich ausschweifend gefeierter Partys – nach seinem mittlerweile irreversiblen Innenraumgeruch benannt worden, doch es handelte sich ganz profan um die Abkürzung für Kommunikationszentrum. Im KOZ trafen sich die normalen Leute, also alle die, die nicht BWL oder Jura studierten, und tranken Kaffee, rauchten und ließen ihre Tassen von versifften Pennern zurückbringen, die ihren Lebensunterhalt mit Hilfe des Tassenpfands finanzierten. Insoweit hatte mein Studium auch eine soziale Komponente. Als ich nach sieben Semestern die Uni wieder verließ, stürzte ich eine ganze Heerschar von Obdachlosen in ein tiefes finanzielles Loch.

Rauchen

Die Universität war Mitte der Neunziger ein Paradies für Raucher und die Hölle für die, die es nicht waren. In jedem Gang, jedem Flur, jedem Treppenhaus ballten sich die Studierenden zusammen und qualmten, als gäbe es Geld dafür. Geraucht wurde prinzipiell überall, die Vorlesungssäle einmal ausgenommen.

Im Café KOZ lief die Nebelmaschine rund um die Uhr und in den meisten Mensen flimmerte die Luft wie in einer Siebzigerjahre-Talk-show. Zahllose Kippen wurden achtlos in stehen gelassenen Salatschüsseln ausgedrückt oder leichtfertig auf den Boden geworfen. Zigarettenfilter so weit das Auge reichte. Oft musste man einfach nur den Kippen folgen, um zu wissen, wo gerade etwas los war.

Dementsprechend roch es. Seine Klamotten zu waschen war ebenso zwecklos wie darauf zu beharren, seine Tasse im KOZ selbst zurückbringen zu wollen. Das Leben war leicht und unbeschwert. Gingen einem die Zigaretten einmal aus, bekam man an jeder Ecke eine angeboten. Man konnte mühelos zwei Päckchen am Tag niederkämpfen, ohne je Zigaretten besessen zu haben. Nichtraucherzonen gab es nicht, wie es keine Nichtraucher gab. Selbst wer auf das Rauchen verzichtete, haute rein passiv mindestens ein Päckchen am Tag weg.

In meinen ersten Berufsjahren gab es an Schulen noch die legendären Raucherlehrerzimmer. Kleine abgetrennte Bereiche, in denen sich die Lehrerinnen wie zu ihrer Studienzeit in den Pausen zusammenballten, um den Stress der vergangenen Stunden in Nikotin zu ersticken. Heute darf nicht einmal mehr auf dem Schulgelände geraucht werden, was dazu führt, dass sich einige Kolleginnen in nahe gelegenen Gebüschen verschanzen, aus denen es in den großen Pausen dann leise zu dampfen beginnt.

Praktikum

So praxisfern die Universität war, wurden wir im Laufe unseres Studiums doch immerhin zweimal mit dem wahren Leben konfrontiert. Wer es schaffte, sich nur zwei Semester im Voraus auf einer gut versteckten Liste einzutragen, bekam die reelle Chance, eines seiner zwei fünfwöchigen Schulpraktika zu absolvieren. Das war damals der einzige Weg, eine Grundschule von innen zu sehen, es sei denn, man hatte bereits schulpflichtigen Nachwuchs oder war kleinwüchsig und hatte ein Talent zur Tarnung. Die Türen der meisten Schulen blieben für Studentinnen verschlossen. Was in den Klassenräumen geschah, war ein gut gehütetes Geheimnis.

Dementsprechend begeistert waren die meisten Lehrerinnen, als ihnen von der Schulleitung Praktikanten zugewiesen wurden. Man empfing uns mit für Lehrerinnen ungewöhnlichem Schweigen. Den Unterricht verfolgten wir lediglich aus dem Hintergrund. Mitzuschreiben galt als unhöflich, obwohl wir seitens der Universität klare Beobachtungsaufträge hatten.

Es war grauenvoll, natürlich war ich auch hier der einzige Mann. Als ich im Lehrerzimmer zu Beginn meines ersten Praktikums nach dem Weg zur Toilette fragte, bestand die einzige Reaktion aus einem mitleidigen Kopfschütteln.

»Das Klo«, präzisierte ich mein Anliegen.

Abermals blieben die Reaktionen unklar. Eine Männertoilette gab es offensichtlich nicht und aufs Damenklo wollte man mich nicht lassen. Erst als ich fragte, wohin denn der Hausmeister geht, wurde eine Lösung gefunden.

Dennoch waren die beiden Schulpraktika die wertvollsten Erfahrungen in meinem Studium. In den Klassenräumen tobte das Leben. Auch wenn wir die meiste Zeit zum Zuschauen verdammt auf winzigen Stühlen zubrachten, erhielten wir nichtsdestotrotz einen perfekten Einblick, was uns später einmal erwarten würde.

Kinder. Viele Kinder, die, von einer scheinbar unerklärlichen Energie getrieben, nicht müde wurden, ihre jeweiligen Anliegen vorzutragen: Ali verstand die Aufgabe sieben mal fünf nicht. Laura hatte ihr Frühstücksbrot vergessen. Hassan wollte nicht neben Selma sitzen, Leon wollte unbedingt neben Selma sitzen. Maxi hatte Bauchschmerzen, Lena genauso, hatte aber zudem auch noch Schnupfen und Halsweh. Luka musste aufs Klo, Haldun musste noch dringender, Erika war bereits auf dem Klo, weshalb Luka und Haldun noch warten mussten. Thomas hatte seinen Ranzen vergessen, Anna ihren Turnbeutel und der andere Leon, dass die Schule bereits vor zwanzig Minuten begonnen hatte. Timo lachte Ali aus, der dies mit einer rechten Geraden quittierte. Lina heulte, weil Timo heulte, und Ali, weil er immer noch nicht verstand, warum das Ergebnis 35 war.

Hier war Organisation gefragt. Die Klassenlehrerin glich einem Oktopus. Mit ihren acht Armen war sie überall und nirgendwo, presste sich mit ihrem gallertartigen Leib noch durch die kleinsten Ritzen des Klassenzimmers und verschmolz, wenn es die Situation erforderte, im hektisch umherschwirrenden Schwarm ihrer Kinder. Es war faszinierend, das zu beobachten. Dies war der Ort, an dem wir früher oder später alle landen würden. Ein Ort, der so lebendig war wie ein Basar im fernen Orient, ein Freibad im Hochsommer, spannungsgeladen wie die Verhandlungen auf einem osteuropäischen Gebrauchtwagenmarkt – hier herrschte niemals Stillstand. Das Chaos bahnte sich seinen Weg. Es war mitreißend und berauschend zugleich.

Nicht alles im Leben wird schlechter. An der Struktur des Lehramtsstudiums hat sich, allen besseren Argumenten zum Trotz, zwar noch immer nicht genug verändert, doch erhalten die Studentinnen von heute einen viel besseren Einblick in die aktuelle Praxis. Die Haltung gegenüber den angehenden Lehrerinnen an den Schulen hat sich grundlegend geändert. Die meisten Klassenraumtüren stehen offen. Praktikantinnen dürfen auf Nachfrage jederzeit hospitieren und sogar eigenen Unterricht planen und durchführen. Viele Lehramtsstudentinnen arbeiten zudem als mobile Vertretungslehrerinnen und sammeln auf diese Weise wertvolle Unterrichtserfahrungen. Zu allem Überfluss werden sie dafür sogar anständig bezahlt.

Wie wichtig solche ersten praktischen Erfahrungen für die Berufswahl sind, erklärte Professor Krenzer, einer der wenigen Menschen, die mich an der Universität wirklich beeindrucken konnten, in einer Vorlesung über den Pädagogen Pestalozzi: Pestalozzi, der erst sehr spät seine Berufung zum Lehrer entdeckte, haderte lange mit sich selbst, in welche Richtung sein Leben ihn einmal tragen soll. Professor Krenzer breitete bedeutungsschwer seine Arme aus und deutete mit wilden Gesten durch den übervollen Vorlesungsaal:

»Sind Sie sich sicher, dass Sie hier richtig sind?«, deklamierte er Pestalozzis Dilemma mit eindringlichen Worten. »Hören Sie in sich. Hören Sie auf Ihre innere Stimme. Vielleicht ...«, daraufhin machte er eine spannungssteigernde Pause, »vielleicht sitzt mitten unter uns ein Uhrmacher! Ein Uhrmacher, verstehen Sie mich? Ein Uhrmacher, und er weiß es nicht!«

Die Problematik besteht darin, dass viele angehende Lehrer/innen nicht wissen, worauf sie sich einlassen. Zunächst einmal werden sie von der romantischen Vorstellung beherrscht, mit Kindern arbeiten zu wollen, weil sie von dem Irrglauben geblendet sind, Kinder seien die besseren Menschen. Kreativ und unschuldig. Reine Seelen voller Liebe und unverdorbenen Gedanken. Bis in alle Ewigkeit glücklich und von perlendem Lachen erfüllt. Welch fatalem Irrtum viele Studentinnen dabei unterliegen, stellt sich oft erst heraus, wenn sie dieser hungrigen Meute zum ersten Mal gegenüberstehen. Leider ist diese Fehleinschätzung nur schwer aus den Köpfen zu kriegen. Darüber hinaus bietet der Beruf viele objektive Vorteile. Klar geregelte Arbeitszeiten, der Beamtenstatus, die Ferien und immer so weiter. Dabei vergessen viele, erst einmal herauszufinden, ob sie diesem Beruf tatsächlich gewachsen sind. Nicht jeder, der mit zwei Kindern zurechtkommt, kann dies auch mit 25. Zu Kindern gehören immer deren Eltern! Der Beruf umfasst viele Bereiche fernab des Klassenzimmers. Es sei jedem geraten, im Laufe des Studiums, oder besser noch vorher, Erfahrungen an einer Schule zu sammeln. Die Universität ist ein rein theoretischer Ort. Grundschullehrerin aber ein praktischer Beruf. Wer erst nach dem ersten Staatsexamen feststellt, dass er sich vergaloppiert hat, hat viel Zeit verschwendet. Hört also in euch. Vielleicht seid ihr der Uhrmacher.

Prüfung

Am Ende dreier unbeschwerter Jahre, die ich überwiegend im Café KOZ bestritten hatte, stand nun das erste Staatsexamen. Allem Laissez-faire zum Trotz wurde von uns Studentinnen nun plötzlich Leistung erwartet. Sechs mündliche Prüfungen in vier Wochen. Kurz und gut, die Schonzeit war vorbei.

Schon das Schreiben meiner Examensarbeit glich einer logistischen Meisterleistung. Ich wollte praktisch arbeiten und plante eine Unterrichtseinheit zum Thema Rugby in mehreren vierten Klassen, ohne mir darüber Gedanken gemacht zu haben, dass diese Thematik für viele Schulen ein rotes Tuch war. Nach gefühlten fünfzig Absagen erklärte sich schließlich eine Schule bereit, mich meinen zugegebenermaßen sehr innovativen Unterricht durchführen zu lassen. Der Professor, der das Projekt betreute, erkrankte, sodass ich meine Besprechungen mit ihm ans heimische Krankenbett verlagern musste. Für jede Frage musste ich eine Fahrt von 50 Kilometern auf mich nehmen und dabei zuschauen, wie der rückenkranke Professor sich schmerzerfüllt in seinen Laken wandte.

An Hindernissen mangelte es nicht, doch wenn wir irgendwas an der Universität gelernt hatten, dann war es, sich zu organisieren. Wichtige Unterschriften mir bislang unbekannter Prüfer ergatterte ich im Aufzug, nur weil ich zufällig deren Namen aufschnappte. Den Ablauf des ersten Staatsexamens zu planen war von nimmermüdem Einsatz und glücklichen Zufällen abhängig. Zum ersten Mal in meiner Studienzeit baute sich so etwas Ähnliches wie Druck auf, denn die Abschlussnote war wichtig. Sehr wichtig, wollte man nicht für immer und ewig auf einer Warteliste voller Melanies und Nicoles verkümmern. Das erste Staatsexamen berechtigt einen lediglich auf einen Platz im Studienseminar, um sein Referendariat an einer Schule absolvieren zu können. Das süße Leben im Café-KOZ fand ein jähes Ende.

Prüfungen sind im Nachhinein betrachtet in der Regel weit weniger schlimm als vorher befürchtet. Das Ergebnis ist dabei vollkommen egal. Die Erde dreht sich trotzdem weiter und mit jeder Tür, die sich schließt, öffnet sich woanders eine neue. Das mag abgedroschen klingen, ist wie viele abgedroschene Dinge aber einfach nur wahr. Neben der richtigen Vorbereitung braucht es manchmal ein Stück Glück, um sich unfallfrei durch die Stromschnellen der Ungewissheit tragen zu lassen.

Ich hatte dieses Glück und bin – wem auch immer – sehr dankbar dafür. Mein Soziologieprüfer brachte es fertig, meine Prüfung einfach zu vergessen. Zum Wiederholungstermin erschien der wie Robert Redford aussehende Gelehrte braungebrannt und aufreizend gut gelaunt. Der Kurzaufenthalt auf Mallorca hatte ihm wohl sichtlich gut getan. Während meiner Mathematikprüfung kam ich genau einmal zu Wort. Ich sagte: »234.« Den Rest der Zeit redete der Professor. Offensichtlich gefiel ihm aber, was er sagte, und belohnte sich selbst mit einer entsprechenden Zensur, die er mir dankenswerterweise in mein Zeugnis übertrug.

Ich trank einen letzten Kaffee im KOZ, brachte meine Tasse ein einziges Mal selbst zurück – die Obdachlosen mussten sich daran gewöhnen, in Zukunft ohne mich zurechtzukommen –, fuhr nach Hause, packte meine Tasche und verschwand für die nächsten sechs Wochen nach Südamerika.

Die erste Hürde war genommen.

Warum Mann trotzdem Grundschullehramt studieren sollte

»Um Himmels willen, wenn das die Leute lesen, wollen die doch nie und nimmer Grundschullehrerin werden«, stellt meine Freundin nüchtern fest. Und recht hat sie. Es klingt nicht sonderlich verlockend, es sei denn, man verträgt viel Kaffee, ist Kettenraucher und mit einer großen Portion Gelassenheit gesegnet. Sollte all dies nicht der Fall sein, hier ein paar gute Gründe, es dennoch zu tun. Die Nachteile wollte ich nicht verschweigen, denn wie langweilig wäre das Leben, wenn es nur aus Vorteilen bestünde. Für mich war Grundschullehramt genau die richtige Entscheidung.

Männer dieses Landes, studiert diesen Beruf:

- Die Uni hat sich geändert. Das berichten zumindest die Studentinnen, die ich später als Lehrer in ihrem Praktikum betreuen durfte. Einige erzählen von Veranstaltungen, in denen tatsächlich Wissen vermittelt wird. Teilweise soll der durchgenommene Stoff sogar zu irgendetwas nütze sein. Wieder andere behaupten steif und fest, dass sie schon im ersten Semester wertvolle Erfahrungen sammeln. Das ist definitiv nicht die Uni, an der ich war.
- Die Luft ist besser. Nur noch vereinzelt sieht man rauchende Studenten über den Campus streifen. Der Nebel hat sich verzogen. Zigarettenkippen findet man in dafür vorgesehenen Aschenbechern. Wo gerade etwas los ist, erfährt man per Smartphone.
- Ihr seid auf jeder Party der Star. Und es gibt viele Partys im Laufe eines Studiums. Nicht unbedingt in eurem Fachbereich, aber es lohnt sich, diesbezüglich mal über den eigenen Tellerrand hinauszublicken. Als Mann Grundschullehramt zu studieren, ist wie mit einem Einbaum den Amazonas zu durchkreuzen: exotisch. Nutzt diesen Vorteil, und nicht nur die Damenwelt steht euch offen.
- Apropos Damenwelt. Hundertzehn Frauen und ihr. Muss ich noch mehr sagen? Die Auswahl ist groß und unter hundertzehn Frauen ist rein statistisch gesehen auch die ein oder andere nette Dame zu finden. Für den Rest seid ihr selbst verantwortlich.
- Ihr fallt in den Seminaren auf. Wie ein bunter Papagei in einem Schwarm krächzender Stare. Der Vorteil: Man hört auf euch. Was

ihr sagt, hat Gewicht. Ihr werdet überdurchschnittlich oft zu Wort kommen und Beachtung erfahren, was in der Masse der Studentinnen von großem Nutzen sein kann. Der Nachteil, ihr dürft nie fehlen. Während sich jede Vanessa oder Nathalie von einer Freundin auf die Anwesenheitsliste schreiben lässt, wenn sie wahlweise ihren Kater auskuriert, müsst ihr jeden Morgen antreten. Denn euch gibt es tatsächlich nur einmal. Mit oder ohne Kater.

- Ihr werdet gebraucht. Im Moment gibt es insbesondere an den Grundschulen zu wenige Lehrerinnen. Lehrer gibt es, wie schon mehrfach festgestellt, so gut wie gar nicht. Die Aussichten auf eine Festanstellung waren lange nicht so gut wie heute. Die Zeiten, in denen angehende Grundschullehrerinnen in den Sommerferien die Arbeitsämter bevölkerten, gehören längst der Vergangenheit an. In Ballungsräumen können sich fertig ausgebildete Grundschullehrerinnen den Arbeitsplatz sogar aussuchen.
- Und zu guter Letzt: Euch bleibt keine Alternative. Wenn ihr den besten Beruf der Welt ergreifen wollt, müsst ihr vorher studieren. Egal, wie die Bedingungen gerade sind. Es nützt also nicht, zu jammern und zu lamentieren. Augen zu und durch!

Was hält euch auf? Wer ernten will muss vorher pflügen!

Das Referendariat

Ein Alptraum wird wahr

Fragt man Lehrerinnen, welches die schlimmste Zeit in ihrem Leben war, die Antwort fällt immer gleich aus: Das Referendariat. Da können zerbrochene Ehen, rachsüchtige Verwandte, unheilvolle Krankheiten oder finanzielle Tiefschläge einfach nicht mithalten. Der Vorbereitungsdienst ist in puncto Grausamkeit einfach nicht zu toppen. Das kann und wird niemand je nachvollziehen können, der das nicht selbst erlebt hat.

Zwei endlos lange Jahre sind die angehenden Lehrerinnen ausschließlich mit sich selbst beschäftigt, hadern mit ihrem Schicksal, zermürben sich die Köpfe und schlafen keine Nacht mehr durch. Eine Lehrkraft im Vorbereitungsdienst, abgekürzt LiV (ja, diese Abkürzung gibt es wirklich), ist für jeden anderen Menschen eine Zumutung. Wer das Unglück hat, mit einer solchen Person befreundet oder gar liiert zu sein, sollte sich auf düstere Zeiten einstellen oder besser gleich die Flucht ergreifen. Im Laufe des Vorbereitungsdienstes wird es Tränen geben.

Ich selbst habe etwas mildere Gedanken zu diesem Thema und resümiere: Nichts wird so heiß gegessen, wie es vorher gekocht wird. Und am Ende bekommen doch alle ein Stück vom Braten ab.

Ich habe mein Referendariat im Frankfurter Gallusviertel absolviert. Der Stadtteil, in dem ich damals wohnte, gilt als verrufen, gefährlich und asozial, obwohl das vollkommen hanebüchen ist. Mit Sicherheit handelt es sich nicht um die beste Wohngegend, und die Dichte von Änderungs-Schneidereien und Dönerbuden ist unbestritten höher als in anderen Stadtgebieten, doch beschränken sich die Gefahren meist darauf, in den überall herumliegenden Hundekot zu treten.

Der Anteil von Schülern mit Migrationshintergrund betrug an meiner Schule weit über neunzig Prozent. Wie wenig aussagekräftig diese Zahl ist, wurde mir schon in den ersten Berufsjahren klar. Die überwiegende Mehrheit der Einwanderer gehörte der zweiten und dritten Generation an. Die meisten Kinder kannten die Türkei oder Marokko lediglich aus dem Urlaub. Hinzu kamen die zahlreichen Flüchtlinge aus Ex-Jugoslawien, die es seit Ausbruch des Krieges nach Deutschland verschlagen hatte. Familien, die Hals über Kopf ihr Land verlassen mussten und oft kein einziges Wort Deutsch sprachen. Beide Gruppen hatten einen Migrationshintergrund, die Problematik war aber grundverschieden.

Zwischen all diesen Kindern wurde jeder Klasse auch ein *deutsches* Kind zugewiesen. Diese *Quotenkinder* kamen meist aus einem nahe gelegenen Kinderheim und hatten Dinge erlebt, die selbst auf RTL 2 nicht gezeigt werden dürfen. Einen Migrationshintergrund hatten diese Kinder nicht.

Wenn man das Glück hatte, einen Referendariatsplatz zu bekommen, durfte man sich selbst auf die Suche nach einer Schule machen. Diese musste lediglich im Bezirk des zuständigen Studienseminars liegen. Da es in jedem Stadtteil Grundschulen gibt, erschien es mir nur naheliegend, meinen Arbeitsweg auf ein Minimum zu beschränken. Das frühe Aufstehen fällt mir nach wie vor schwer und ist selbst nach zwanzig Berufsjahren noch immer nicht mit meinem Biorhythmus vereinbar.

Ich fragte also bei den drei nächstgelegenen Schulen zu meiner Wohnung nach und hatte prompt Erfolg. Alle drei sagten mir zu. Am Ende entschied ich mich für den kürzesten Weg. Damals dachte ich noch, das sei ein Riesenvorteil, doch kenne ich nun viele Kolleginnen, die darauf beharren, dass zwischen ihrer Schule und ihrer Wohnung eine Stadtgrenze oder zumindest ein Fluss verläuft. Die Gründe dafür sind einfach: Steht man unrasiert und nur mit Jogginghose, T-Shirt und Badeschlappen bekleidet im Supermarkt und schiebt einen Einkaufswagen vor sich her, der außer Bier und Tiefkühlpizza nichts Erwähnenswertes enthält, möchte man an der Kassenschlange nicht unbedingt ein Elterngespräch führen.

Ebenso verhält es sich bei Arztbesuchen, denn wirklich jede Arzthelferin im Stadtteil hatte ein Kind an der Schule. »Herr Beer? Heute krank? Mehmet gut in Schule?« Der Beantwortung solcher Fragen würde man sich gern erst nach der Einnahme dringend benötigter Antibiotika widmen.

Auch der sonntägliche Spaziergang geriet zum Spießrutenlauf. Aus jedem Hinterhof hallte es gut gemeinte Grüße. Zwei Jahre lang fühlte ich mich wie Herr Kaiser von der Hamburg-Mannheimer.

Als ich mir im Laufe des Referendariats einmal die Haare beim Friseur um die Ecke schneiden ließ, entdeckte mich eine Schülerin durch das Schaufenster des Salons und binnen weniger Minuten avancierte dieser alltägliche Moment zu einem Spektakel, wie es sonst nur Volksfeste oder Autounfälle tun. Das aufgeweckte Mädchen trommelte innerhalb kürzester Zeit alle verfügbaren Kinder der Nachbarschaft zusammen, die sich daraufhin die Nasen an der Glasfassade des Barbiers plattdrückten. Eine halbe Stunde später verließ ich das Geschäft und die aufgebrachte Meute hatte sich bereits auf einen Schlachtruf eingeschossen. »HERR BEER HAT DIE HAARE AB! HERR BEER HAT DIE HAARE AB!«, schallte es mit 120 Dezibel durch das ganze Viertel. Erst gegen Abend löste sich der Pulk vor meiner Haustür wieder auf.

Natürlich hatte die Wohnortnähe nicht nur Nachteile. Ich genoss Achtung. Ein Lehrer zum Anfassen. Einige Eltern nahmen das wörtlich und zupften mir bei jedem Aufeinandertreffen aufgeregt an der Jacke herum. Ich war immer präsent, gehörte dazu und war einer der ihren, auch wenn es mir manchmal mehr wie einer der »Irren« vorkam.

Versucht mal bei einem türkischen Gemüsehändler, dessen Sohn ihr in Mathematik unterrichtet, eure Erdbeeren zu bezahlen. »Herr Beer! Willst du mich schämen?«, wehrte sich der Einzelhändler mit aller Vehemenz. »Kann ich keine Geld von dir nehmen!« Es war nahezu unmöglich, irgendetwas zu bezahlen. Im Rahmen einer Unterrichtseinheit wollte ich einer Klasse im Mathematikunterricht den Umgang mit Geld vermitteln. Die Kinder sollten bei diesem Händler um die Ecke Obst kaufen, bezahlen und darauf achten, dass sie den richtigen Betrag wieder zurückbekamen. In der Theorie eine prima Idee, die Sache scheiterte aber an der Gutmütigkeit des stolzen Gemüsemannes, der von den Kindern und von mir einfach kein Geld nehmen wollte. »Kommst du bald wieder!«, verabschiedete er uns gut gelaunt. Am Ende kehrte die Klasse mit einem Haufen Obst in die Schule zurück. Ausgegeben hatten wir einen Fantasiebetrag und neben dem ganzen Obst sogar mehr Geld wieder zurückbekommen, als wir je besessen hatten.

Die Rektorin liebte meinen Wohnort. Da ich nur zwei Minuten bis zur Schule brauchte, war ich die Erstbesetzung für jede Form von Vertretungsunterricht. In den Grippemonaten von November bis Februar wurde ich nahezu täglich aus dem Bett geklingelt und in die Schule zitiert.

»Die 3b ist ohne Lehrerin«, kam es dann ebenso knapp wie freudlos durch den Hörer.

Also packte ich meine Siebensachen und machte mich auf den Weg. Offiziell dürfen Referendare zwar nicht für Vertretungsunterricht eingesetzt werden, aber Lehrjahre sind keine Herrenjahre, so war es schon in der Getränkebranche. Zu guter Letzt zahlte sich mein Einsatz aber dennoch aus. Zum einen gab es kaum eine Klasse, in der ich nicht unterrichtet hatte, zum anderen blieb der ungeliebten Rektorin bei der Benotung meiner Leistungen nur wenig Spielraum nach unten.

Dienstags wird gefrühstückt

Die Struktur des Referendariats ist einem beständigen Wechsel unterworfen. Es wäre müßig und gleichermaßen langweilig, alle Änderungen zu beschreiben, die es allein während der letzten Jahre in der Lehrerausbildung gab. Wichtig zu wissen sind eigentlich nur zwei Dinge: Dienstags ist Seminar, den Rest der Woche verbringt die angehende Lehrerin in der Schule. Oder, um es anders zu sagen: Dienstags wird gefrühstückt, den Rest der Woche gearbeitet.

Ja, ist ja gut. Ich kann die Schreie des Widerspruchs bis hierhin hören. Laut und deutlich. Deswegen der Absatz. Füllt eure Klagen in diese Lücke, ich habe sie extra für euch freigehalten. Ihr, die ihr die härteste Ausbildung aller Ausbildungen absolviert habt, die ihr bis zu zwei lange Jahre auf euer Leben verzichtet habt. Ich habe euch nicht vergessen. Wie könnte ich? Überschüttet den Verlag mit E-Mails. Die lassen sich unproblematisch löschen. Weiter geht es jetzt trotzdem. Nur ohne euer Genörgel.

Wie ich bereits erwähnt habe, hat die Universität nur wenig dazu beigetragen, mich auf meinen Beruf vorzubereiten. Auch wenn es Gerüchten zufolge heute anders sein soll, ist das Referendariat die einzige Chance, seinen Job im Alltag zu erleben und zu erlernen. Zwei Jahre (zumeist weniger) sind eine knapp bemessene Zeit in der Berufspraxis, wenn man bedenkt, dass für jeden anderen Ausbildungsberuf ein Jahr mehr veranschlagt wird. Die Zeit in der Schule ist also überaus wertvoll.

Noch wertvoller ist sie, wenn man dabei Unterstützung erfährt, eine Mentorin findet, auf deren Erfahrung und Kompetenz man jederzeit zurückgreifen kann, die Unterstützung leistet, wenn Unterstützung gefordert ist. Gute Mentorinnen sind rar gesät. In vielen Kollegien bleiben die Finger unten, wenn es darum geht, eine Referendarin an der Schule aufzunehmen. Die Auswahl ist dementsprechend bescheiden. In den meisten Fällen bleibt einem gar nichts anderes übrig, als sich der Mentorin anzuschließen, die sich dazu bereit erklärt. Leider ist es häufig dem Zufall überlassen, ob Referendarin und Mentorin gut zueinander passen. Eine gute Mentorin ist durch nichts zu ersetzen. Nie wieder bekommt man die Gelegenheit, die Abläufe an einer Schule so genau kennenzulernen und Fragen über Fragen zu stellen. Junge Mentorinnen sind mit der Arbeit am Studienseminar zwar gut vertraut, haben aber erfahrenen Lehrerinnen gegenüber den Nachteil, selbst noch viele Dinge ausprobieren zu müssen. Ich empfand es damals als großen Vorteil, eine Mentorin zu haben, die schon zwanzig Jahre im Dienst war und so gut wie alles erlebt hatte, auch wenn es eine Weile dauerte, bis wir vom Sie zum Du kamen.

Jeden Dienstag verbringt die angehende Lehrerin also im Studienseminar. Neben dem eigentlichen Lernstoff spielt das schon erwähnte Frühstück eine große Rolle. Es gilt das Jeder-bringt-irgendwas-mit-Prinzip. Beliebt sind Brötchen, Käse, Marmelade und vegetarische Brotaufstriche. Weniger gern gesehen werden Sülze, Schweinemett und Weizenbier. Oft nahm das Frühstück den wesentlichen Teil des Vormittags ein. Eine Stunde musste minimal für die morgendliche Nahrungsaufnahme eingeplant werden. Ähnlich dem Wollknäuelwerfen in der Universität sollte die gemeinsame Mahlzeit wohl zur Gruppenbildung beitragen. Hin und wieder wurde auch tatsächlich etwas besprochen. In den meisten Fällen ging es aber lediglich darum, das nächste Frühstück zu planen.

Jeden zweiten Dienstag traf sich die Seminargruppe in einer anderen Schule. Dort musste eine Referendarin Unterricht zeigen, der anschließend erst von der Ausbilderin und dann von der übrigen Seminargruppe auseinandergenommen wurde. Auch während solcher Unterrichtsbesuche musste gefrühstückt werden. Es oblag der jeweiligen Referendarin, für Kaffee und Geschirr zu sorgen. Ebenso wichtig war es, die notwendige Atmosphäre zu schaffen. An meiner Schule waren alle Räume belegt. Für Besuche des Studienseminars stand nur ein abgewirtschafteter

Kellerraum zur Verfügung, den eine gefürchtete Religionslehrerin mit Zähnen und Klauen verteidigte. Es war jedes Mal ein Schauspiel, die besagte Lehrkraft nach einem Seminarbesuch dabei zu beobachten, wie sie ihren Grundbesitz zurückeroberte und leise in ihren Damenbart fluchend nach übersehenen Brötchenkrümeln fahndete.

Erste Eindrücke: von Kindern, Lehrern und Negerkirchen

Mein erster Gedanke: Oh Gott, sind die klein! Erstklässler hatte ich zum letzten Mal gesehen, als ich selbst einer war. Während meiner zwei Praktika durfte ich nur in dritten und vierten Klassen hospitieren. Diese Kinder konnten unmöglich die gleiche Schulform besuchen. Einige reichten mir gerade so bis zur Hüfte. Es dauerte keine zwei Tage und ich hatte meinen Spitznamen weg: Messeturm. Eine Anrede, die ich den Zwergen nur mühsam wieder aberziehen konnte.

Der zweite Gedanke: Hält das dein Rücken aus? Grundschullehrerinnen müssen lernen, sich richtig zu bücken. Insbesondere dann, wenn der Größenunterschied mehr als sechzig Zentimeter beträgt. Hundert Kniebeugen am Tag gehören zum Tagessoll.

Und der dritte Gedanke: Die wissen ja gar nichts. Richtig, Erstklässlern muss man prinzipiell alles erklären: was sie tun sollen, was sie dazu brauchen, wo sich ihre Sachen befinden und bisweilen sogar wo sie sich gerade selbst befinden. Für den Erstklässler ist die Welt eine Welt voller Fragen. Was soll ich machen? Wo ist mein Bleistift? Was ist ein Bleistift? Wozu brauche ich einen Bleistift? Fragen über Fragen.

Die passenden Antworten zu geben ist unser Geschäft. Immer wieder antworten. Nie aufhören zu antworten. Auch wenn sich die Fragen gleichen. Der Schlüssel dazu heißt Geduld. Steter Tropfen höhlt den Stein. Irgendwann werden die Knirpse schon begreifen, was es mit dem Bleistift auf sich hat.

Nicht minder skurril: Das Kollegium. Ich hatte Glück und war nicht das einzig männliche Wesen. Drei weitere Exemplare trieben sich mit mir an der Schule herum. Dazu noch der Hausmeister. Man konnte fast von einem Überangebot sprechen. Immerhin machte zumindest einer von ihnen einen halbwegs normalen Eindruck. Von da an wurde jeden Montag über die Bundesliga gesprochen. Es gab und gibt noch heute nicht viele Lehrer, die diesen Luxus teilen können. Einer der Kollegen ging nach den Sommerferien in Pension und wir näherten uns den für Grundschulen üblichen Quoten wieder an.

Die Rektorin wurde von allen gemieden. Wollte man mit ihr sprechen, musste man einen Termin im Sekretariat vereinbaren. Der Einzige, der im Sekretariat Termine vereinbarte, war ich. Niemand sonst redete mit der Rektorin. Die Wartezeiten waren lang und der Smalltalk mit ihr ergab sich wie von selbst, aber irgendwann gingen selbst mir die Themen aus.

Die Lehrerschaft teilte sich in zwei Fraktionen. Raucher und Nichtraucher. Die Nichtraucher saßen im regulären Lehrerzimmer, hatten eine Kaffeemaschine und feste Sitzplätze. Die Raucher verbrachten ihre Pausen in einem unaufgeräumten Kabuff ohne jede Zufuhr von Sauerstoff. Das Fenster durfte niemals geöffnet werden, wahrscheinlich, damit der Nikotingehalt der Atemluft auch ohne Zigaretten auf konstant hohem Niveau blieb. Eine Sitzordnung gab es nicht. In dem kleinen Kabuff standen ohnehin nur zwei Stühle. Mit jedem Pausengong begann die Reise nach Jerusalem aufs Neue. Im Raucherlehrerzimmer formierte sich außerdem der Widerstand gegen die Rektorin. Bis zu meinem Weggang hatte er es allerdings nicht nach draußen geschafft.

Neben mir hatten noch zwei andere Referendarinnen ihren Dienst an der Schule angetreten. Beide sprachen so gut wie kein Wort. Weder mit mir noch mit den anderen Kolleginnen. Am Anfang des Referendariats waren wir wie im Praktikum zum Zuschauen verdammt. Der Stundenplan sah noch keinen eigenverantwortlichen Unterricht vor. Erst mit Beginn des neuen Schuljahres ging es dann richtig los. Und wie.

Schon die Einschulungsfeier war der erwartete Paukenschlag. Eltern, Kinder und Lehrer hatten sich im nahe gelegenen Haus Gallus versammelt, in dem in Ermangelung einer Turnhalle auch der Sportunterricht abgehalten wurde. Auf der Bühne des Gemeindehauses stand die Rektorin an einem Rednerpult. Wie immer hatte sie sich schwer in Schale geworfen. Ein klassisches Chanel-Ensemble. Zarte Rosétöne und ein zehn Zentimeter zu kurzer Rock. Die Namen der frischgebackenen ABC-Schützen waren unaussprechlich. Einzeln wurden sie von der Rektorin auf die Bühne gerufen. Fast niemand verstand ein Wort. Es hagelte gellende Buhrufe bei jedem falsch ausgesprochenen Nachnamen. Viele Zuschauer fingen an, sich angeregt zu unterhalten. Am Ende standen allen Widrigkeiten zum Trotz dennoch alle neuen Erstklässler auf der Bühne. Der Herdentrieb hatte sie nach vorn getrieben.

Daraufhin gingen die Vorführungen los. Einige Klassen hatten sich kleine Aufführungen überlegt und einstudiert. Die erste Gruppe zeigte einen türkischen Tanz. Alle Kinder hüpften kreuz und quer über die Bühne und schwenkten dabei bunte Tücher durch die Luft. Zur Belustigung des Publikums tanzte und sang ihre Klassenlehrerin mit.

Zum krönenden Abschluss der Veranstaltung betrat ein von den Jahren sichtlich gezeichneter Kollege im Gefolge seiner vierten Klasse die Bühne. In den Händen hielt er eine Wandergitarre, die schon vor Jahrzehnten jede Hoffnung verloren hatte, einmal von einem richtigen Musiker gespielt zu werden. Die Kinder nahmen am Bühnenrand Aufstellung. Die Hand des Lehrkörpers glitt einmal prüfend über die verstimmten Saiten. Sechs Stück. Das Ergebnis schien ihn zufriedenzustellen. Für einen kurzen Augenblick war es vollkommen still. Die nachfolgende Ansage sollte diesen Zustand schnell wieder ändern:

»Liebes Publikum«, setzte der verwirrt dreinblickende Kollege an. »Wir singen Ihnen ein Lied. Ein Lied, bekannt aus allen Negerkirchen …«

Ich wickelte mich vor Scham in einen grünen Vorhang. »Nein, ich gehöre hier nicht dazu, ich gehöre hier nicht dazu …«, stammelte ich wie ein Mantra vor mich hin.

Ein kleiner Portugiese

Viele Kinder meiner ersten Klasse haben großen Eindruck auf mich gemacht, aber den kleinen Portugiesen kann ich einfach nicht unterschlagen. Aus Gründen des Datenschutzes ist es mir leider nicht möglich, den Namen zu nennen, aber dieser war ganz besonders speziell, so wie es nur portugiesische Namen sein können. Drei bis vier Vornamen, dazu eine entsprechende Anzahl von Nachnamen. Alle endend auf klangvolle Vokale wie a und o, sodass am Ende eine Kombination wie Rodrigo Tiago Gustavo Moreira da Silva herauskam. Ein Traum für jeden Fußballkommentator. Keine andere Nation kann da mithalten.

Vielleicht war es der Länge des Namens geschuldet, dass sich der Junge beharrlich weigerte, diesen schreiben zu wollen – so wie er sich weigerte, überhaupt irgendetwas zu Papier zu bringen. Arbeiten war seine Sache nicht. Das stellte er schon in der ersten Unterrichtsstunde klar. Missmutig starrte er sein Arbeitsblatt an und machte keinerlei Anstalten, auch nur einen Stift in die Hand zu nehmen. Alle Versuche, ihn vom Gegenteil zu überzeugen, schlugen fehl.

»Ich mach das nicht«, lehnte er stets kategorisch ab und schob das Blatt demonstrativ zur Seite.

»Na komm, du kannst es wenigstens mal probieren«, fing ich an zu betteln, doch selbst der achte Versuch lief ins Leere. Erst als ich mit meinem Latein vollkommen am Ende war und man mir das auch anmerkte, winkte er mich wie einen Kellner zu sich herüber.

»Herr Beer«, hob er vielversprechend an. »Ich mach die Nummer eins. Vielleicht die zwei. Aber dann ist Schluss.«

»Gut«, pflichtete ich ihm bei, in der Hoffnung, dass er schon merken würde, wie einfach die Sache war, und wenn er schon einmal angefangen hatte, die Arbeit auch vollenden würde. Weit gefehlt. Jede Aufgabe musste neu verhandelt werden. Am Ende des Tages konnte man auf meinen Geduldsfäden Seiltanzen und Saltos schlagen, so stabil waren sie geworden.

Doch der kleine Portugiese wusste sich zu revanchieren. Da wir den gleichen Heimweg hatten, liefen wir nach Schulschluss oft Seite an Seite die Frankenallee entlang. Dabei passierten wir einen Kiosk, den der kleine Portugiese gern zu einem Zwischenstopp nutzte, um seine unerschöpflichen Vorräte an Süßigkeiten weiter aufzufüllen.

Gönnerhaft überreichte er mir ein Kaugummi mit den Worten: »Hier, du hast es auch nicht leicht.«

Ich nahm das Kaugummi ohne zu zögern an. Nein, leicht hatte ich es wirklich nicht.

Der kleine Portugiese kam aus nicht ganz unproblematischen Verhältnissen. Die Eltern hatten nur wenig Zeit und der ältere Bruder war gerade im Begriff, eine vielversprechende Karriere als Autoknacker anzuschieben. Stolz erzählte der große Bruder dem kleinen Portugiesen von seinen ersten Gehversuchen in der Gebrauchtwagenbranche. Als wir eines Tages einen Ausflug in den Frankfurter Palmengarten unternahmen, wich der kleine Portugiese nicht von der Seite der jungen Dame ab, die uns durch das Pflanzenparadies führte. Die Botanik war ihm dabei vollkommen egal. Es ging ihm vielmehr um die bunte Bimmelbahn, auf der man sich in den Sommermonaten durch den Park kutschieren lassen konnte.

»Wo steht der Zug nachts?«, fragte er die Führerin so unauffällig wie möglich.

Die Frau zeigte beiläufig auf eine nur mit einem Vorhängeschloss gesicherte Garage.

Der kleine Portugiese verdrehte die Augen und flüsterte mir in verschwörerischen Tonfall zu: »Mein Bruder klaut den Zug, aber psssst!«

Ich habe das Geheimnis bis heute für mich behalten.

Unfreiwilliger Besuch

Der Angstgegner jeder Referendarin ist der Unterrichtsbesuch. Früher wurden Unterrichtsbesuche noch Vorführstunden genannt, aber der Zeitgeist will es, dass man die Dinge nicht mehr beim Namen nennt, sondern positiv verklärt. Besuch empfängt man in der Regel freiwillig, davon kann bei einem Unterrichtsbesuch beileibe nicht die Rede sein. Hier wird Unterricht vorgeführt. Misslingt dieser, wird bisweilen auch die Referendarin vorgeführt. Es werden weder Kekse noch Kaffee gereicht und für gewöhnlich wird dem Gastgeber kein Mitspracherecht bei der Auswahl seiner Gäste zugebilligt. Unterrichtsbesuche sind Prüfungssituationen und dementsprechend *locker* ist die Stimmung. Im Laufe des Referendariats stehen einem bis zu 16 solcher Stippvisiten ins Haus. Hin und wieder ist es aber erlaubt, Unterrichtsbesuche mit zwei Ausbildern zu doppeln, sodass sich die Anzahl dieser lästigen Veranstaltungen zumindest etwas verringern lässt.

Der Sinn von Unterrichtsbesuchen besteht darin, die Referendarin in ihrem Alltag zu erleben, ihren Unterricht zu begutachten und zu bewerten. Zumindest der erste Teil ist grandioser Unfug. Der gezeigte Unterricht ist in der Regel so natürlich wie die vor Dubai aufgeschütteten Palmeninseln. Vorführstunden gleichen überfrachteten Operninszenierungen. Hier gibt es für jeden gesprochenen Satz ein eigenes

Plakat. Jede Arbeitsanweisung ist farblich markiert und mehrsprachig aufbereitet. Die Kinder werden überschüttet mit Material. Der Verlauf der Stunde hängt an einer Themenleine und wird auf die Sekunde genau aktualisiert. Jedes Wort wurde Tage vorher auswendig gelernt und jede Bewegung im Klassenraum fügt sich in eine abgestimmte Choreografie. Bei Unterrichtsbesuchen wird nichts dem Zufall überlassen.

Bleibt nur eines – der Risikofaktor Kind. Die meisten lassen sich mit guten Worten überzeugen: »Morgen bekommen wir wieder Besuch. Ihr wisst ja, dass ihr besonders leise sein müsst und euch immer melden sollt. Denkt also an die Regeln und ruft nicht rein, dann haben wir alle viel Spaß.«

Bei anderen muss man schon etwas dicker auftragen. Warme Worte reichen in Extremsituationen oft nicht aus: »Diese Packung Schokoküsse können wir nur essen, wenn ihr die Regeln wirklich einhaltet.« Dabei werden die genannten Süßwaren einmal kurz durch die Luft geschwenkt, sodass sich ihr verführerischer Duft im ganzen Klassenraum verbreiten kann.

Doch gibt es auch Kinder, die sich nicht so billig kaufen lassen. In solchen Fällen werden die Daumenschrauben dann gern etwas angezogen: »Wenn du nächste Woche mit in den Zoo kommen willst, und du willst doch nächste Woche mit in den Zoo kommen, rate ich dir dringend, zumindest morgen einmal deine vorlaute Klappe zu halten und nur dann zu sprechen, wenn du wirklich etwas gefragt wirst!«

All dieser Maßnahmen zum Trotz geht selbst bei Vorführstunden noch vieles schief. Kinder sind und bleiben eben unberechenbar, und gerade das macht unseren Beruf so interessant. Als Referendarin sieht man das für gewöhnlich noch etwas anders.

Natürlich wissen die Ausbilder, dass sie während ihrer Unterrichtsbesuche alles, nur keinen Alltag zu sehen bekommen. Welche Berechtigung haben Unterrichtbesuche dann? Zum einen mangelt es an Alternativen. Man könnte die Referendarinnen selbstverständlich unangekündigt besuchen, doch kann ich die Schreie des Entsetzens schon beim Niederschreiben dieser fixen Idee hören. Unangekündigte Besuche gab es zuletzt in grauer Vorzeit, als der Schulrat seine Lehrkräfte noch mit Vor- und Nachnamen kannte. Doch wer will schon in die Vergangenheit reisen, wenn die Gegenwart bunt und digital ist? Zum anderen ist auch nicht alles schlecht, was glänzt. Selbst in der aufpoliertesten Unterrichtsstunde lässt sich noch eine Vielzahl relevanter Beobachtungen machen, denn den Alltag kann man nicht einfach aussperren wie einen nervtötend vor sich hin kläffenden Hund.

Am Ende lässt sich jede gute Unterrichtstunde auf einen einfachen Dreischritt herunterbrechen.

Punkt 1: Das Problem
Kinder benötigen eine klare Fragestellung. Es muss ein Problem geben, das sie nachvollziehen können und für dessen Lösung sie sich interessieren.

Punkt 2: Die Erarbeitung
Die Kinder benötigen alle relevanten Materialien und Handwerkszeuge, mit deren Hilfe sie das Problem lösen können. Da nicht alle Kinder die gleichen Voraussetzungen haben, muss dabei auf die unterschiedlichen Lernniveaus Rücksicht genommen werden, damit jedes Kind erfolgreich mitarbeiten kann.

Punkt 3: Die Lösung
Die Kinder haben einen Erkenntnisgewinn und bekommen die Zeit und den Raum, diesen mit den anderen Kindern der Klasse zu teilen. Auf diese Weise festigt sich die Erkenntnis, gewinnt an Bedeutung und geht dadurch nicht so schnell wieder verloren.

Wer sich an diese drei Punkte hält, wird jeden Unterrichtsbesuch mit Bravour meistern. Egal, ob er dabei die Klasse in ein futuristisches Labor verwandelt oder auf so altertümlich anmutende Lernmittel wie Bücher zurückgreift. Viele Referendarinnen verlieren bei Unterrichtsbesuchen die einfachen Dinge aus den Augen, liefern sich Materialschlachten und Dekorationswettbewerbe und vergessen, dass es am Ende doch nur um Unterricht geht.

Selbstverständlich möchte man im Referendariat auf sich aufmerksam machen. Zu meiner Zeit entschied allein die Abschlussnote über die weitere berufliche Zukunft. Es ist mit Sicherheit nicht verboten, mal etwas dicker aufzutragen und die Kinder mit gut ausgewähltem Material und neuster Technik zu verwöhnen. Nie wieder werden Unterrichtsstunden mit solchem Aufwand betrieben. Das ist schön für die Kinder, insbesondere dann, wenn die Thematik die Kinder packt.

Ich habe mit einer vierten Klasse im Rahmen einer Unterrichtseinheit mit anschließender Vorführstunde einmal Burgen gebaut. Dabei mussten die Kinder lernen, wie man mit Mörtel und Steinen richtig mauert. Das Projekt zog sich über mehrere Wochen hin und war für die Kinder der absolute Renner. Eines Tages wurde ich krank und eine Kollegin musste als Vertretung in die Klasse. Als ich wieder in die Schule kam, empfing mich die Vertretungslehrerin mit eisigen Worten: »Schönen Dank auch, die haben mich fast zum Teufel gejagt, weil sie einen Regenbogen mit Wasserfarben malen mussten.« Der Alltag kann grausam sein.

Vorführstunden erfüllen nicht immer die Vorstellungen der Ausbilder. Das ist nicht schön für die Referendarin, aber kein Weltuntergang, schließlich kommt der Besuch ja öfter. Referendarinnen lernen ihren Beruf, dass dabei Fehler passieren, ist unvermeidlich. Viele angehende Lehrerinnen scheitern an den eigenen Erwartungen. Wer von den Kindern verlangt, aus eigenen Fehlern zu lernen, muss dieses Prinzip auch für sich selbst gelten lassen.

Der große Tag

»Schön, wenn er vorbei ist«, sagen die, die es hinter sich haben. Alle anderen steigern ihre Panik in unermessliche Sphären. Das zweite Staatsexamen ist die letzte große Hürde, bevor ihr endlich Grundschullehrerin seid. Noch einmal zur Erinnerung: der tollste Beruf der Welt. Das sollte Ansporn genug sein. Wer es bis hierher geschafft hat, wird auch den letzten Prüfungs-Tag überstehen. Glaubt es mir, ich habe es schon erlebt. Mehrfach. Bei mir selbst und vielen anderen. Es ist also möglich.

Für die letzte große Prüfung in eurem Leben sind zwei Lehrproben zu halten. Jede dieser Unterrichtsstunden bedarf einer minutiösen Vorbereitung. Die schriftlichen Ausarbeitungen haben es in sich. Zwölf Seiten ohne Anhang. Auf eine normale Schulwoche hochgerechnet ergäbe das 348 Seiten schriftliche Vorbereitung. Allein daran lässt sich ermessen, wie alltagstauglich diese Übung ist. Ihr werdet das nie wieder tun.

Egal, wichtig ist, was hinten rauskommt. Ihr müsst das zweite Staatsexamen bestehen. Darum geht es. In Zeiten des allgemeinen Lehrermangels sind die Chancen gut, direkt im Anschluss eine Festanstellung zu ergattern. Wer nicht im staatlichen Schuldienst landet, kann sein Glück an einer Privatschule versuchen. Gehalt und Arbeitszeiten sind aber oft nicht mit dem regulären Schuldienst vergleichbar. Das zweite Staatsexamen ist eure Eintrittskarte ins Berufsleben.

Drei Wochen vor meinem zweiten Staatsexamen klingelte das Telefon. Am anderen Ende der Leitung meldete sich ein Schulleiter, dessen Namen ich noch nie gehört hatte:

»Herr Beer«, fiel er gleich mit der Tür ins Haus. »Sie machen am sechzehnten März Ihre Prüfung. Könnten Sie am siebzehnten hier anfangen?«

»Naja«, antworte ich unbestimmt. Was mit *hier* gemeint war, blieb zunächst unklar. Außerdem musste ich die Prüfung ja erst einmal bestehen. Ich äußerte also zaghafte Bedenken.

»Papperlapapp«, entgegnete der Schulleiter daraufhin. »Sie bestehen das!« Dann hinterließ er mir noch die Adresse seiner Schule und damit war die Sache für ihn erledigt.

Manchmal kann es auch ganz einfach sein. Ich hatte einen Job und bekam zur Belohnung noch die passenden Visitenkarten geschenkt:

Martin Beer

Grundschullehrer

Alle Klassen

Der erste Job

Zu meiner Zeit begannen fast alle Grundschullehrerinnen ihre Karriere mit einem Zeitvertrag. Diese Verträge liefen exakt bis zu den Ferien, danach blieb einem nichts anderes übrig, als sich arbeitslos zu melden. In der Folge wurden dann auch die Ferienzeiten bezahlt, Zeitverträge werden aber immer noch in vielen Bundesländern abgeschlossen. Wie lange man befristete Arbeitsverträge annehmen muss, richtet sich nach der Abschlussnote und der Fächerkombination der jeweiligen Lehrkraft. Die besten Chancen, eine feste Stelle im Schuldienst zu ergattern, hat man mit entsprechend guten Examina und einer möglichst exotischen und gesuchten Fächerkombination. Im Augenblick gibt es nicht nur zu wenig Grundschullehrer, auch Grundschullehrerinnen fehlen an jeder Ecke. In solchen Zeiten werden dann alle fertig ausgebildeten Lehrerinnen eingestellt. Die Zeiten sind also gut. Mittlerweile haben sich einige Bundesländer sogar dazu entschlossen, das Gehalt der Grundschullehrerinnen den anderen Lehrämtern anzupassen. Ein erster Schritt in die richtige Richtung.

Wann und wie viele Grundschullehrerinnen in Zukunft gebraucht werden, lässt sich offensichtlich schwer voraussagen. Vor Beginn meines Studiums war laut Studienberatung klar, dass es in diesem Land schon genug Grundschullehrerinnen gibt. Ebenso gut hätte ich mir meine Zukunft auch aus einer Kristallkugel weissagen lassen können. Als frischgebackene Grundschullehrerin hatte ich nach Beendigung meiner Ausbildung allen Unkenrufen zum Trotz jedenfalls keinerlei Probleme, einen Arbeitsplatz zu finden, auch wenn der erste Job nicht unbedingt meinen Erwartungen entsprach. Als mir direkt im Anschluss an meine Prüfung ein Zeitvertrag schöngeredet wurde, unterschrieb ich sofort, ohne mir über die weiteren Konsequenzen Gedanken zu machen. Erst Stunden später wurde mir klar, was ich da getan hatte. 26 Stunden. Nur Mathematik. Die Schüler würden mich lieben.

Schon zweihundert Meter, bevor ich meine neue Schule erreichte, war klar: Hier stimmte etwas nicht. Immer wieder raschelte es verräterisch in den Büschen. Schatten huschten geisterhaft über den Asphalt. Ich hatte das untrügliche Gefühl, beobachtet zu werden, und irrte mich nicht. Das Gerücht hatte sich in Windeseile verbreitet: Ein neuer Lehrer kommt. Richtig. Ein Lehrer. Also keine Lehrerin. Nein, ein echter Mann aus Fleisch und Blut. Die Aufregung war mit den Händen greifbar.

Auch im Lehrerzimmer war die Erregung groß. Das Kollegium war riesig. Im Gegensatz zu den meisten Schulen gab es hier eine feste Sitzordnung. Über dreißig Kolleginnen verteilten sich an sechs Gruppentischen, und irgendwo musste ich meinen Platz finden. An jedem Gruppentisch hatte man einen Stuhl für mich bereitgehalten. Jede Entscheidung für einen Gruppentisch war gleichzeitig eine Entscheidung gegen die fünf anderen, und genau das ließ man mich unmittelbar spüren. Jedes Zusteuern auf einen freien Platz zog argwöhnische Blicke nach sich. Am Ende stellte ich meine Tasche einfach in irgendeine Ecke. Die Pausen verbrachte ich fortan beim Hausmeister. Die Fußballeuropameisterschaft sollte in wenigen Wochen beginnen. Alles, was ich brauchte, war ein kompetenter Gesprächspartner.

Als Fachlehrer ist man mehr oder minder der Idiot vom Dienst. Man hetzt von Klassenraum zu Klassenraum, versucht irgendwie den Unterrichtsstoff in 45 Minuten zu pressen, packt seine Tasche und weiter geht die Reise. Ständig neue Schüler, neue Namen, neue Räume, da fällt es schwer, den Überblick zu behalten. Fünf neue Klassen mit jeweils über 20 Schülern. Mehr als hundert Vornamen. Dazu das Kollegium. Es war schlichtweg unmöglich, hier allen gerecht zu werden. Mathematik ist zudem ein versetzungsrelevantes Hauptfach. In jeder Klasse müssen Arbeiten konzipiert, geschrieben und korrigiert werden. Zum ersten Mal geriet ich wirklich in Zeitnot. Alle Vorteile des Lehrerdaseins waren plötzlich verschwunden. Ich arbeitete rund um die Uhr, verließ die Schule häufig erst am späten Nachmittag und musste dann zu Hause weiterarbeiten. Als Fachlehrer war meine Anwesenheit zudem auf allen Elternabenden und Fachkonferenzen erwünscht. Schon nach vier Wochen machte ich mir ernsthafte Gedanken, ob das wirklich die richtige Berufswahl war.

Ebenso erschreckend wie die Arbeitszeiten war das Niveau der Schüler. Ich unterrichtete nun zusätzlich in der Förderstufe. Fünft- und Sechstklässler, die keinerlei Ahnung von schriftlichen Rechenverfahren hatten, verfolgten meinen Unterricht wie eine arabische Soap mit finnischen Untertiteln. An Dreisatz und Bruchrechnung war nicht einmal ansatzweise zu denken. Hier fehlten sämtliche Grundlagen, mitunter auch die Fähigkeit, 45 Minuten auf einem Stuhl zu sitzen. Um überhaupt Unterricht halten zu können, musste ich mit den Schülern verhandeln. Fußball war der Schlüssel zum Erfolg. Für jede erfolgreiche Mathestunde stellte ich ein Fußballspiel in Aussicht, an dem ich selbstverständlich mitwirken musste. So verbrachte ich zahlreiche Nachmittage auf einem der Schule angegliederten Bolzplatz und hielt meine Knochen für die Geheimnisse der schriftlichen Division hin.

Zu meinem Glück hatten zwei weitere Berufsanfängerinnen zeitgleich mit mir hier angefangen. Zunächst erleichterte das die Situation, doch schon nach wenigen Wochen war die anfängliche Solidarität verbraucht. Als klar wurde, dass es nach den Sommerferien nur eine feste Stelle für uns geben würde, brach ein unschöner Konkurrenzkampf aus, an dem ich mich mangels Motivation nicht beteiligte. Diese Schule war nicht meine Welt.

Eine wichtige Erfahrung, die ich gleich zu Anfang meiner Laufbahn machen konnte: Nicht jeder Lehrer passt an jede Schule. Umso wichtiger wäre es, den Schulen mehr Personalverantwortung zu übertragen. Noch heute werden Lehrerinnen ausschließlich nach Abschlüssen, Fächerkombinationen und Ranglistenverfahren den einzelnen Schulen zugewiesen. Zwar gibt es Einstellungsgespräche und der Personalrat wird im Vorfeld angehört, doch häufig bleibt den Schulen gar nichts anderes übrig, als sich für die Lehrerinnen zu entscheiden, die laut Ranglistenverfahren nun eben an der Reihe sind. Ob die jeweilige Konstellation dann passt, ist oft reine Glückssache.

Der Sommer kam und Deutschland wurde Europameister. Ich meldete mich arbeitslos. Man empfahl mir, auf keinen Fall in Urlaub zu fahren. Ein Angebot für eine neue Stelle konnte sich jederzeit ergeben. Darauf galt es dann schnell zu reagieren. Damals nahm ich solche Ratschläge noch ernst und verbrachte den Sommer in stiller Erwartung des Postboten. Als ich drei Tage vor Ferienende immer noch nicht wusste, wie es weitergehen sollte, nahm ich die Sache selbst in die Hand. Irgendwann landete ich schließlich bei einer Sachbearbeiterin des staatlichen Schulamtes.

»Haben Sie keine Post bekommen?«, fragte die Dame gelangweilt.

»Nein, sonst würde ich ja nicht anrufen«, antwortete ich gereizt.

»Dann ist das wohl vergessen worden. Sie fangen nächste Woche in Offenbach an. Ich gebe Ihnen mal die Telefonnummer der Schule. Sie müssen sich ja noch vorstellen.«

Falls ihr je auf den Gedanken kommen solltet, eine Sachbearbeiterin des staatlichen Schulamts zur Schnecke machen zu wollen, glaubt mir, es hat keinen Zweck. Ich habe trotzdem mein Bestes gegeben.

Offenbach, dachte ich, und konnte mein Glück kaum fassen.

Anfangsjahre

»Nur wer Offenbach kennt, findet's überall schön, überall schön, überall schön«, singt man in Frankfurt bei jeder sich bietenden Gelegenheit. Frankfurt und Offenbach verbindet eine leidenschaftlich ausgetragene Feindschaft. Beide Städte kleben geografisch direkt aneinander. Frankfurt ist das Mekka der Hochfinanz. Die Skyline bestimmt das Stadtbild. Auf jedem zweiten Auto prangt der Adler der Eintracht. In Frankfurt gibt es alle relevanten Einrichtungen, die eine Großstadt auszeichnen. Wer hier lebt, hat keinerlei Veranlassung, das sehr viel kleinere Offenbach nur zu betreten. In Offenbach gibt es nichts, was in Frankfurt nicht höher, schöner oder größer ist. Dementsprechend *gut* kannte ich mich in der Nachbarstadt aus.

»Guten Abend, mein Name ist Martin Beer. Ich komme aus Frankfurt und bin der neue Lehrer Ihrer Kinder.« Ebenso gut hätte ich mich als Charles Manson vorstellen können. »Ich komme direkt aus Mordor und werde Ihren Kindern das Fleisch von den Knochen ziehen, bevor ich sie auf kleiner Flamme röste.«

Erste Blitze schlugen mir aus den Augen der Elternschaft entgegen.

»Ich bin 27 Jahre alt und freue mich auf die neue Aufgabe an dieser Schule«, fuhr ich stattdessen fort.

Eine Hand erhob sich. Aufmunternd nickte ich der einzig seriös gekleideten Dame im Auditorium zu.

»Sie sind jung und haben keinerlei Erfahrung«, sagte sie.

Richtig, dachte ich und behauptete das Gegenteil.

Mein erster Elternabend begann vielversprechend. Niemand war daran interessiert, was ich mit den Kindern arbeiten wollte, welche Lehrmethoden und Materialien ich zu benutzen gedachte. Hier ging es einzig und allein darum, nicht schon am ersten Abend einzuknicken. Langsam wurde mir klar, was der Schulleiter damit meinte, als er die Elternschaft meiner neuen Klasse als ein wenig speziell umschrieb. Zwei Lehrerinnen hatten sich bereits vergeblich an dieser Klasse versucht. Sicherheitshalber zeichnete ich mir den einzig machbaren Fluchtweg in meinen Notizblock.

»Ihre Kinder sind jetzt im zweiten Schuljahr«, hörte ich mich sagen und ersparte mir und meinen Zuhörern die Information, dass nahezu die Hälfte der Klasse noch nicht ansatzweise lesen konnte. Ich redete eine Weile ziellos vor mich hin. Irgendwann war es neun Uhr und Zeit, diesem unwürdigen Schauspiel ein Ende zu bereiten.

»Ein Blick auf die Uhr«, faselte ich sinnlos in die schweigende Masse.

»Es ist neun«, raunte ein ausschließlich mit Jogginghose, Unterhemd und Knasttätowierungen bekleideter Vater mir entgegen.

»Richtig«, bestätigte ich und begann mich ausgiebig bei allen zu bedanken, wobei unklar blieb, für was.

Niemand hatte weitere Fragen. Ich wertete das als gutes Zeichen.

Der Vorteil einer solchen Elternschaft: Man kann machen, was man will. Niemand schert sich hier um Unterrichtsinhalte, die Einhaltung irgendwelcher Fristen, Klassenarbeiten oder sonstige Vorschriften. Der Lehrer wird's schon richten, lautet die allgemeine Devise. Das ist angenehm und gerade für Berufsanfänger nahezu ideal.

Der Nachteil: Wenn es Ärger gibt, dann gibt es Ärger. Nicht Ärger im Sinne von leichtem Missbehagen oder kurz aufkommendem Verdruss. Nein, hier macht sich der Groll mit lauten Donnerschlägen, gellenden Blitzen und orkanartigen Sturmböen Luft, fegt über einen hinweg wie ein kräftiges Sommergewitter, nach dem, warum auch immer, dann ebenso unvermittelt plötzlich alles wieder gut ist. Die Kunst liegt allein darin, solche Wetterlagen auszuhalten. Oft gibt es gar keinen speziellen Anlass für den entstandenen Krach. Doch wer käme auf die Idee, das Wetter zu hinterfragen? Es ist, wie es ist: eine Naturgewalt, unantastbar und nicht zu kontrollieren.

Ich habe zahlreiche solcher Gewitter in meinen ersten Berufsjahren erlebt und überstanden. Während ich anfänglich noch verzweifelt nach Gründen suchte, was zur Hölle ich jetzt schon wieder falsch gemacht hatte, wurde mir erst im Laufe der Zeit klar, dass die meisten dieser Miss-Stimmungen überhaupt nichts mit mir, der Schule oder sonst einem Umstand, den ich beeinflussen konnte, zu tun hatten. Oft war es einfach der allgemeine Lebensfrust, der sich irgendwo kanalisieren musste. In solchen Situationen konnte man aber viel gewinnen. Wer den Kopf nicht einzog, gewann Respekt. Und das war wichtig, weit wichtiger als jeder schlaue Lebensratschlag in irgendeinem Elterngespräch.

Natürlich macht ein Lehrer in seinen Anfangsjahren zahlreiche Fehler. Das liegt in der Natur der Sache und sollte niemanden weiter verwundern. Es dauert eben eine Weile, bis man seinen eigenen Stil gefunden hat, alle Abläufe kennt und weiß, mit welchen Unterrichtsmethoden man am besten zurechtkommt. Einige Anfangsfehler lassen sich aber dennoch vermeiden. Hier die Top Drei meiner anfänglichen Unzulänglichkeiten:

Platz 1: Die Elternerziehung

Versucht nie, aber auch wirklich nie, Eltern zu erziehen! Egal, was ihr über deren Erziehungsmethoden denkt, es ist nicht eure Sache und geht euch demzufolge nichts an. Als Lehrer kümmert ihr euch allein um die Belange der Kinder in der Schule. Nur in wirklichen Notsituationen tritt diese Regel außer Kraft. Dies richtig einzuschätzen, bedarf einiger Erfahrung.

Natürlich dürft ihr mit Rat und Tat zur Seite stehen, wenn eure Hilfe eingefordert wird. Wenn ihr euch unsicher seid, besprecht den Fall mit einer erfahrenen Kollegin. Alleingänge sind selten von Erfolg gekrönt, auch wenn jeder zweite amerikanische Spielfilm das Gegenteil suggeriert.

Platz 2: Die Sache mit der Zeit

Ein Grundschulkind hat durchschnittlich zwischen vier bis fünf Stunden Schule am Tag. Die übrigen 19 Stunden verbringt es in einem anderen Umfeld. Euer Einflussbereich erschöpft sich lediglich auf dieses schmale Zeitfenster. Es ist nahezu unmöglich, im Laufe eines Vormittages allen auftretenden Problemen des Lebens eines Kindes gerecht zu werden, zudem ihr in eurer Klasse mit über zwanzig Kindern gleichzeitig zurechtkommen müsst, ohne dabei nur ein einziges Kind zu vernachlässigen.

Die Zeit ist euer größter Feind. Nutzt sie sinnvoll und verzettelt euch nicht mit unwichtigem Kleinkram. Nicht jedes Problem lässt sich in der Schule lösen. Chronische Weltverbesserer sollten sich möglichst schnell beruflich umorientieren.

Platz 3: Der Allwissende
Ich weiß, dass ich nichts weiß, ist ein geflügeltes Wort, das als verfälschendes Zitat aus Platons Apologie dem griechischen Philosophen Sokrates zugeschrieben wird (Wikipedia). Fakt ist, der Grundsatz stimmt und sollte euch immer bewusst sein. Ihr seid nicht allwissend und eure Persönlichkeit gewinnt, wenn ihr diese Einstellung offensiv nach außen tragt. Nichts ist schlimmer, als der Lehrer, der immer recht hat, auf alles eine Antwort weiß und keine eigenen Fehler eingestehen kann. Erinnert euch einfach an eure eigene Schulzeit.

Gerade am Anfang bedarf es viel Mut, diesen Richtsatz konsequent zu verfolgen, da Unwissenheit oft mit Ahnungslosigkeit verwechselt wird. In der Pädagogik gibt es keine einfachen Antworten. Die Arbeit mit Kindern erfordert viel Geduld und oftmals muss man erst die falschen Pfade beschreiten, um den richtigen Weg zu erkennen. Wer nach einfachen Rezepten sucht, sollte sich ein Kochbuch von Tim Mälzer kaufen.

Trotz aller Fehler und Irrwege ist die erste eigene Klasse die wohl eindringlichste und wichtigste Erfahrung eures Berufslebens. Schön ist es, wenn man in seiner ersten Zeit auf die Erfahrung eines funktionierenden Jahrgangsteams zurückgreifen kann, aber auch ohne eine solche Hilfe werdet ihr euren Weg schon finden. In diesem Fall könnt ihr den amerikanischen Spielfilmen ruhig Glauben schenken.

Die nachfolgenden Kapitel sollen euch eine zusätzliche Hilfe sein. Wie in der Schule habe ich mich dabei streng am Alphabet orientiert und alle mir als relevant erscheinenden Themen Schritt für Schritt abgehandelt. Wie im ersten Teil dieses Buches stützen sich meine Ausführungen fast ausschließlich auf eigene Erfahrungen. Lehrbücher gibt es genug, werfen wir stattdessen gemeinsam einen Blick in die Praxis.

A wie Anlauttabelle

Kein Thema wird im Grundschulbereich heißer diskutiert als dieses: Wie lernen Kinder am besten Lesen und Schreiben?

Man sollte meinen, dass man das mittlerweile weiß und sich auf eine Unterrichtsmethode geeinigt hat, die aufgrund aller bisher gesammelten Erfahrungen möglichst jedem Kind gerecht wird. Doch weit gefehlt. Wie Kinder Lesen und Schreiben lernen, ist eine erbittert geführte Diskussion, die zunehmend zu großer Verunsicherung führt und der ein nicht zu unterschätzendes Konfliktpotenzial innewohnt. Sie wird auf allen Ebenen geführt und betrifft Lehrerkollegien, die pädagogische Forschung sowie die Elternschaft in gleichem Maße. In weiten Teilen erinnert diese Auseinandersetzung an den Streit zweier Erstklässler: Beide Seiten beharren auf ihrem Recht und lehnen kategorisch jedwede Annäherung ab. So wie es immer ist, wenn Diskussionen rein dogmatisch geführt werden.

Die deutsche Rechtschreibung ist eine ernste Angelegenheit und wurde in den letzten Jahren wieder und wieder thematisiert. Eine ganze Generation von Kabarettisten stützte ihre Programme ausschließlich auf die verschiedenen Rechtschreibreformen. Im Mai 2013 titelte sogar der Spiegel mit dem Aufmacher »Die Recht Schreip-Katerstrofe« und Bastian Sick schaffte es bereits im Jahr 2004 mit »Der Dativ ist dem Genitiv sein Tod« auf alle Bestsellerlisten. Selbst Erwachsene haben ihre liebe Not mit den Wirrungen der deutschen Sprache.

Wie aber sollen Grundschulkinder nun das Lesen und Schreiben erlernen? Im Kern lässt sich der ganze Schlamassel auf zwei unterschiedliche Methoden herunterbrechen, das »Lesen durch Schreiben« und der »analytisch-synthetische Ansatz«.

Die reformpädagogische Methode: »Lesen durch Schreiben«

Bekannt geworden ist diese nach wie vor umstrittene Methode im Laufe der achtziger Jahre durch den in der Schweiz geborenen und dann in Hamburg lehrenden Reformpädagogen Jürgen Reichen. Die Kinder erhalten bei diesem Konzept zu Beginn ihrer Schullaufbahn eine sogenannte Anlauttabelle. In dieser Tabelle wird jedem Laut (Phonem) mit Hilfe eines kleinen Bildchens ein Buchstabe (Graphem) zugeordnet, so ist neben dem Buchstaben A beispielsweise eine Ameise abgebildet. Kann man einen Laut auf zwei verschiedene Arten aussprechen, sind mitunter zwei Bildchen auf der Anlauttabelle zu finden (z. B. Esel und Ente für ein lang und kurz ausgesprochenes E).

Die Kinder sollen nun die Laute mit den Buchstaben in Verbindung bringen, also eine Phonem-Graphem-Korrespondenz herstellen. Ist dieser Schritt vollzogen, können sie, ihrem eigenen Lerntempo entsprechend, jedes gewünschte Wort niederschreiben. Das Lesen ergibt sich dann ganz nebenbei als quasi Begleitprodukt. Lautes Vorlesen im Klassenkanon wurde von Reichen stets kategorisch abgelehnt, so wie das gemeinsame Voranschreiten im Unterricht. Jedes Kind soll individuell mit der Anlauttabelle arbeiten. Reichens Wahlspruch »Kinder lernen umso mehr, je weniger sie belehrt werden« bürdet den ABC-Schützen ein hohes Maß an Verantwortung auf.

Darüber hinaus verwahrt sich Reichen gegen jedwedes Einschreiten des Lehrpersonals bei anfänglichen Rechtschreibfehlern. Nach Reichen ist die Niederschrift IGL für das Wort IGEL zunächst richtig, weil man das Graphem E nicht hören kann. Das wiederum bringt zahllose Eltern auf die Barrikaden, die darauf beharren, Fehler in der Schule zu verbessern.

Ein wichtiger Kritikpunkt an dieser Methode ist, dass die deutsche Sprache zu wenige Übereinstimmungen zwischen Phonemen und Graphemen besitzt. Während es in anderen Sprachen (Finnisch, Italienisch) nahezu eine Eins-zu-eins-Übereinstimmung gibt, eignet sich die deutsche, englische und französische Sprache weit weniger dazu, eine korrekte Phonem-Graphem-Korrespondenz herzustellen. Als kurzes Beispiel hier die verschiedensten Möglichkeiten, den Laut »k« schriftlich darzustellen: Katze (k), Mokka (kk), Hocker (ck), Tag (g),

Chaos (Ch), Camping (C). Überdies gibt es weit mehr Phoneme als Grapheme. So wird das »e« am Ende des Wortes Tomate nicht wie »e« ausgesprochen. Es gibt schlichtweg keinen Buchstaben für diesen Laut.

Der zweite erwähnenswerte Kritikpunkt ist, dass sich einmal eingeschlichene Fehler in späteren Tagen nur schwer wieder ausmerzen lassen. Dieses Phänomen kennt jeder aus anderen Bereichen, ob es dabei um das Erlernen eines Instrumentes oder den Umgang mit einem Computer geht, spielt dabei keinerlei Rolle.

Ich durfte Jürgen Reichen Ende der neunziger Jahre auf einer mehrtägigen Fortbildung erleben und kennenlernen. Neben seiner Überzeugungskraft ist mir vor allem sein drolliger Schweizer Akzent (»Wie tönt denn das: Chrockodil? Wie tönt das? Ja, dann wollen wir es mal schreiben: Chrockodil«) und sein Habitus in Erinnerung geblieben, der alle Vermischungen seiner Theorien mit anderen Methoden sofort als pädagogischen Firlefanz abtat.

Anlauttabellen sind allerdings keine Erfindung der Reformpädagogen. Bereits im Jahr 1658 fügte Johann Amos Comenius seinem Schulbuch »Orbis sensualium pictus« (Die sichtbare Welt) eine Anlauttabelle bei. Auf dieser ersten Anlauttabelle waren Tiere abgebildet, die den entsprechenden Laut von sich geben.

Die analytisch-synthetische Methode

Der überwiegenden Mehrheit wird die analytisch-synthetische Methode vertrauter erscheinen, weil man sie noch aus seiner eigenen Grundschulzeit kennt. Die Kinder lernen die Buchstaben mit Hilfe einer Fibel. Jeder Buchstabe wird Schritt für Schritt einzeln abgehandelt. Die Reihenfolge der gelernten Buchstaben ergibt sich aus deren Wichtigkeit im Sprachgebrauch. Die Kinder lernen, die Buchstaben einem Laut zuzuordnen, zu Silben zu verbinden und anschließend zu ersten Wörtern zusammenzusetzen. Diese ersten Wörter werden dann gesichert und niedergeschrieben, sodass von Anfang an jeder Rechtschreibfehler verbessert wird. Alle Kinder lernen zunächst gemeinsam.

Von den Reformpädagogen wird diese als Frontalunterricht gebrandmarkte Gleichförmigkeit verpönt. Zu Beginn erscheint dieser klassische

Ansatz tatsächlich ein wenig anregungsarm. Hört man Kinder in den ersten Wochen des Leseunterrichts lediglich Kombinationen wie Lulu und Lala lesen, fragt man sich hin und wieder schon, was der Nachwuchs davon halten mag. Dennoch ist der Wert einer Fibel zum Erstlesen nicht zu unterschätzen. Das erste Buch wird von den meisten Kindern wie ein Schatz gehütet und oft bis ins Erwachsenenalter aufbewahrt. Ob man sich in späteren Tagen seine verstaubte Anlauttabelle einrahmt, möchte ich hingegen stark bezweifeln.

Alle Esel essen Salat.
An Timos Nase ist Salat.
Tante Lena ist nett.

Typischer Fibeltext ohne jeden Sinn

Mittlerweile ist fast jeder Fibel eine Anlauttabelle beigefügt. An dieser Stelle lässt sich ein möglicher Lösungsweg des ganzen Desasters erahnen. Beide Ansätze haben in Teilbereichen ihr Gutes. Es muss sich nicht widersprechen, mit einer Fibel zu arbeiten und die Kinder gleichzeitig mit einer Anlauttabelle vertraut zu machen. Ich halte wenig bis gar nichts davon, die Kinder in dem ganzen Buchstabensalat allein zu lassen. Dies geht in besonderem Maße zu Lasten schwächerer Kinder und solcher, die mit der deutschen Sprache aufgrund ihrer Herkunft nur unzureichend vertraut sind. Wer auf gemeinsame Einführungsstunden im Klassenverband verzichtet, läuft Gefahr, schnell den Überblick zu verlieren und leistungsschwächeren Kindern nicht gerecht zu werden.

In vorher klar festgelegten Zeiten des Unterrichtstages können die Kinder aber mit ihrer Anlauttabelle arbeiten und sich dem sogenannten freien Schreiben widmen. Hier muss meiner Meinung nach nicht jeder Fehler sofort mit dem Rotstift angestrichen werden. Einfache Wörter wie IGL dürfen durchaus korrigiert werden. Oft reicht ein einfacher Hinweis und das Wort wird fortan richtig geschrieben. Warum soll man sich das Leben unnötig schwer machen?

Bevor man an einer neuen Schule anfängt, sollte man sich in jedem Fall gut informieren, wie dort gearbeitet wird. Nichts ist schlimmer, als nach einer Methode unterrichten zu müssen, die einem selbst widerstrebt. In vielen Kollegien existieren Absprachen, deren aktuelle Gültigkeit schon über Jahre nicht mehr hinterfragt wurde. Gerade neue Kolleginnen – und hoffentlich bald auch Kollegen – haben es schwer, festgefahrene Strukturen aufzubrechen und ihre eigene Meinung einzubringen. Im Notfall lohnt es sich allerdings durchaus, für die eigene Überzeugung zu streiten, bevor man bereits auf dem ersten Elternabend Schiffbruch erleidet.

B wie Buchstaben

Für welche Methode des Schreiben- und Lesenlernens man sich im Deutschunterricht auch entscheidet, das Erlernen der Buchstaben ist dabei unumgänglich. Ein gutes Beispiel für eine überaus gelungene Phonem-Graphem-Korrespondenz ereignete sich in einem meiner ersten Schuljahre. Eine Sozialpädagogin, die mir für mehrere Stunden in der Woche unterstützend zur Seite stand, spielte mit den Kindern den Klassiker »Ich packe meinen Koffer«. Die Kinder hatten im Deutschunterricht gerade den Buchstaben K kennengelernt. Nun ging es darum, möglichst viele Wörter mit dem Anlaut K zu finden, diese aneinanderzureihen, sich zu merken und durch ein weiteres K-Wort zu ergänzen.

»Koffer, Krokodil, Kamel, Kerze, Kugel, Kamera, Kino, Katze, Kaka (an dieser Stelle erfolgte ein lautes Lachen), Kette, Käfig, Kleid«, schallte es durch den Klassenraum.

»Koffer, Krokodil, Kamel, Kerze, Kugel, Kamera, Kino, Katze, Kaka (mittlerweile nur noch leicht abebbendes Gekicher), Kette, Käfig, Kleid, Kinder«, ging es weiter.

Dann war Antonio an der Reihe: »Koffer, Krokodil, Kamel, Kerze, Kugel, Kamera, Kino, Katze, Kaka (die Wiederholung lässt irgendwann jeden Witz totlaufen), Kette, Käfig, Kleid, Kinder – «

Es folgte eine lange Pause. Meine Kollegin warf ihm einen aufmunternden Blick zu. Antonio schwieg. Als er nach einiger Zeit immer noch kein Wort gefunden hatte, mit dem er die Liste fortsetzen konnte, griff die Sozialpädagogin schließlich ein.

»Wir brauchen ein neues Wort«, sagte sie auffordernd.

Antonio, der bereits zu schwitzen anfing, sagte einfach das Erste, was ihm durch den Kopf ging:

»Bier!«

»Bier?«, wiederholte die Kollegin. »Hör doch mal genau hin. Koffer, Krokodil, Kamel, Kerze, Kugel, Kamera, Kino, Katze, Kaka (jetzt wieder lauteres Lachen), Kette, Käfig, Kleid, Kinder und Bier? – Bier, Bier, Bier. Das fängt doch nicht mit K an!«

Jetzt schlug Andrés große Stunde. André, der sich bislang nur am Unterricht beteiligte, wenn er mit aller Nachdrücklichkeit dazu aufgefordert wurde, stand unvermittelt auf und rief die Lösung dieser verzwickten Problematik quer durch den Klassenraum:

»Doch, Krombacher!«, erlöste er den verstört vor sich hin starrenden Antonio.

Bravo, Prinzip verstanden!

Genauso kompliziert wie der Methodenzwist bezüglich des Lesen- und Schreibenlernens verhält es sich mit der Debatte um die Schrift, mit der die Buchstaben schließlich zu Papier gebracht werden sollen. Unstreitig ist, dass alles mit der Druckschrift beginnt. Danach sind viele Wege offen. Im Wesentlichen lassen sich drei Positionen zusammenfassen:

Die Kinder lernen keine weitere Schrift nach der Druckschrift. Am Ende schreibt sowieso jeder mit einer wie auch immer gearteten Handschrift oder eben am Computer.

Die Kinder erlernen mit Hilfe eines Schreiblehrgangs, angeleitet durch die Lehrkraft, eine verbundene Schreibschrift. In den meisten Fällen die VA, was für Vereinfachte Ausgangsschrift steht. Diese Schrift verbindet die in der Druckschrift gelernten Buchstaben zu einer flüssigen Schreibschrift, aus der sich später dann eine eigene Handschrift entwickeln soll. Einzelne Buchstaben der VA wirken für Erwachsene recht gewöhnungsbedürftig. (Das kleine t zum Beispiel und das wie in Sütterlin geschriebene kleine z.) Vollkommen unmöglich ist der korrekte Bewegungsablauf beim Schreiben des kleinen e. Hier haben sich schon mehrere Generationen die Hände verrenkt.

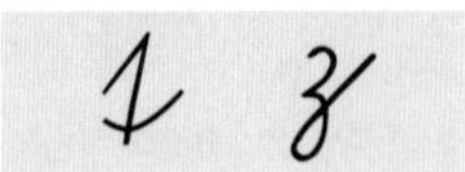

Die neueste Idee ist das Erlernen der Grundschrift. Die Grundschrift ist eine Schreibschrift, die mit der gedruckten Leseschrift korrespondiert, also im Prinzip aussieht wie Druckschrift, nur dass die Buchstaben trotzdem miteinander verbunden werden können. Wer die Grundschrift gelernt hat, soll am Ende eine ausgesprochen leserliche Handschrift haben, so die Theorie.

Überaus putzig ist die Einteilung der Buchstaben in einzelne Bewegungsgruppen: So gehört das kleine h zu den Buchstaben mit einfachem Abstrich, nachfolgender Arkadenbewegung mit Rechtsoval und Drehrichtung im Uhrzeigersinn. Mit irgendwas müssen sich auch die Universitäten beschäftigen.

Das Schöne an dieser Diskussion: Egal, wie ihr euch entscheidet, ihr könnt es nicht wirklich falsch machen. Jedes Kind wird zu seiner Schrift finden und irgendwann auch eine mehr oder minder lesbare Handschrift entwickeln. Das passiert von ganz allein. Den Erfolg dürft ihr natürlich trotzdem gern für euch verbuchen.

C wie Comic Sans MS

Es ist furchtbar, aber nicht zu leugnen. Grundschullehrerinnen schreiben prinzipiell alles in Comic Sans MS. Jede Einladung (hier wäre es in Ausnahmefällen gerade noch vertretbar), jeder Brief (da wird es schon sehr unangenehm), aber auch jedes für die Schule wichtige Dokument (ab jetzt beginnt es mich heftig zu schütteln) wird in dieser Schrift abgefasst. Und niemand schämt sich dafür! Comic Sans MS ist die offizielle Schrift aller Grundschullehrerinnen. Sogar manche Schulhomepages sind konsequent in dieser Schriftart gelayoutet. Was zur Hölle soll das vermitteln? Wir sind alle ganz lieb und reden in bunten Sprechblasen? Man stelle sich folgenden Elternbrief vor:

Liebe Frau Müller, ☹

leider muss ich Ihnen mitteilen, dass Ihr Sohn Jonathan seinem Tischnachbarn Umut mit der Schere ins Bein gestochen hat. Wir konnten die Blutung zwar stillen, Jonathan jedoch nicht davon überzeugen, sich in künftigen Konfliktsituationen anders zu verhalten. Ich bitte Sie daher zu einem Gespräch mit der Schulleitung.

Mit freundlichen Grüßen
usw.

Na gut, das war wirklich nicht nett von Jonathan, aber so schlimm wird es schon nicht werden – der Brief ist ja in Comic Sans MS geschrieben! In der oberen Ecke klebt sogar noch ein Smiley. Okay, er hat die Mundwinkel nach unten gezogen und ist ganz schwarz, aber es bleibt eben doch ein Smiley.

Vorstellbar wären auch Zeugnisse in dieser fröhlichen Schrift. Statt Noten könnte man dann bunte Sticker verwenden. Damit würde man offene Türen einrennen. Man müsste es halt nur einmal vorschlagen.

Nicht auszudenken, wenn sich diese Praxis auch auf andere Berufsgruppen übertragen würde. Haftbefehle, Gerichtsurteile und Steuervollzugsbescheide würden gleich in einem ganz anderen Licht erscheinen.

Viele Grundschullehrerinnen fühlen sich von den Kollegen der weiterführenden Schulen nicht ernst genommen. Wer seine ganze Korrespondenz in einer Schrift verfasst, die allenfalls für die Einladungskarten zu Kindergeburtstagen taugt, sollte sich nicht weiter wundern, wenn dem Inhalt seiner Pamphlete weit weniger Bedeutung zugemessen wird als erwartet.

D wie DaZ

Die Abkürzung DaZ steht für Deutsch als Zweitsprache. In den Genuss sogenannter DaZ-Stunden kommen Kinder, die der deutschen Sprachen noch nicht mächtig sind. Während man in anderen europäischen Ländern zusätzliche Lehrkräfte für Kinder bereithält, die sich noch nicht verständigen können, setzt man in Deutschland hauptsächlich auf die Eigendynamik der Klasse. Das ist nicht besser, verbraucht aber weniger Ressourcen. In der Regel werden Schüler ohne jede Deutschkenntnisse einfach eine Klasse zurückgestellt und der Rest wird sich schon irgendwie ergeben. Ein Hoch auf die Integration.

Viele Schulen haben im Moment große Not, ihren Regelunterricht abzudecken. Es fehlt ihnen schlichtweg das Personal, also ihr. Wer in einer Großstadt unterrichtet, muss damit rechnen, immer wieder mit Kindern ohne jede Sprachkenntnis konfrontiert zu werden und diese irgendwie in seinen Unterricht zu integrieren. Meistens gelingt dieser Spagat zur Überraschung aller Beteiligten, aber wie in anderen Bereichen bestätigen auch hier Ausnahmen die Regel.

Kinder, die kein Wort Deutsch sprechen, reagieren äußerst unterschiedlich auf ihre neue Umgebung. Angst ist ihnen jedoch in der Regel vollkommen fremd. Vermutlich haben sie dazu einfach keine Zeit, gilt es doch so viele neue Eindrücke zu verarbeiten und zu verstehen. Der Kulturschock muss für einige Kinder gigantisch sein. Wie gewaltig die Unterschiede teilweise sind, wird einem erst deutlich, wenn man sich von den Kindern Bilder ihrer alten Umgebung zeigen lässt. Ein thailändischer Junge brachte mir einmal Fotos seiner ehemaligen Schule mitten im Urwald mit. Von daher war ich nur wenig verwundert, als der kleine Thai sich in der Pause eine besonders dicke Heuschrecke aus einem Gebüsch angelte und vor den Augen aller anderen Kinder genüsslich verspeiste.

Erstaunlich ist, wie schnell Kinder anfangen Deutsch zu sprechen, auch wenn sie die Zusammenhänge oft noch nicht verstehen. Ein befreundeter Kollege bekam einen Jungen aus Rumänien in seine Klasse.

Die Weihnachtsfeier stand an und der Kollege fragte die Kinder, wer von ihnen ein Instrument spielt. Fünf Finger schnellten in die Höhe. Auch der junge Rumäne hob seine Hand. Der Reihe nach zählten die Kinder ihre Instrumente auf:

»Lisa, was spielst du?«

»Gitarre.«

»Fabian, was spielst du?«

»Klavier.«

Dann blieb nur noch der kleine Rumäne übrig. Obwohl mein Kollege wusste, dass er die Frage unmöglich verstanden haben konnte, nahm er ihn dran:

»Und, Nicolae, was spielst du?«

Die Antwort war ebenso einfach wie genial. Mit stark osteuropäischem Akzent erwiderte Nicolae:

»Lägo!«

Besondere Kreativität zeigen nicht Deutsch sprechende Schüler in Notsituationen. Ein Schüler aus Ungarn eilte überhastet zu mir ans Pult. Kurz zuvor hatte er einen heftigen Niesanfall gehabt. Was er wollte, war somit klar, aber seine Sprachschöpfung geht in die Ewigkeit ein:

»Herr Beer, Nasenpapier!«

Nie wieder werde ich Taschentuch sagen, versprochen.

E wie Elternabend

Elternabende gehören wie Vorsorgeuntersuchungen und Familienfeste zu den Terminen, auf die man sich nicht unbedingt freut, die man aber auch leider nicht umgehen kann. Zweimal im Jahr lädt der Elternbeirat zum Elternabend ein und dieser Einladung ist Folge zu leisten.

In Deutschland stehen den 670 000 Lehrkräften rund 8,7 Millionen Schüler gegenüber. Das macht noch einmal doppelt so viele Eltern. Diesen Kampf kann man einfach nicht gewinnen. Elternabende werden in der ganzen Republik gefürchtet. Niemand geht da gern hin, die Grundvoraussetzungen sind also schwierig. Umso wichtiger ist es, sich vorher genau zu überlegen, wie ein solcher Abend gelingen kann. In den meisten Fällen bedeutet *gelingen*, dass sich die Schäden an den geparkten Fahrzeugen in Grenzen halten und sich die Mehrzahl aller verursachten Wunden ambulant versorgen lässt. Wie ihr seht, liegt die Latte nicht sonderlich hoch. Es ist also machbar. Warum geraten dennoch so viele Elternabende aus den Fugen?

Die Gründe dafür sind vielschichtig. Ich werde trotzdem versuchen, die wichtigsten etwas genauer unter die Lupe zu nehmen. Ob es euch helfen wird, vermag ich nicht zu beurteilen, aber manchmal reicht es ja zu wissen, dass man nicht allein ist. 669 999 Lehrerinnen geht es auch nicht anders. Das ist doch schon mal was.

Hindernis 1: Die Gruppe

Wie die Schülerschaft einer Klasse setzt sich die dazugehörige Elternschaft nach dem Zufallsprinzip zusammen. Niemand kann im Vorhinein erahnen, ob diese Zusammensetzung harmoniert oder nicht. Die Kinder jedoch treffen jeden Tag aufeinander, lernen miteinander umzugehen und sind im Gegensatz zu den Erwachsenen noch frei von Vorurteilen. Für die Eltern sind Elternabende oft die einzige Veranstaltung, um sich gegenseitig zu beschnuppern, und nicht immer gefällt ihnen das, was sie da riechen. Eine durchschnittliche Grundschulklasse in einer Großstadt bringt Menschen zusammen, die im realen Leben nie miteinander kommunizieren würden. Darauf sollte man vorbereitet sein.

Klassenfeste, gemeinsame Ausflüge und Bastelaktionen können diese Situation entschärfen. Je mehr man seine Elternschaft zusammenbringt, umso einfacher verteilen sich mögliche Konfliktpotenziale auf verschiedene Termine und brechen somit nicht alle an einem Abend aus. Das setzt natürlich voraus, dass sich die Eltern auch an solchen Aktionen beteiligen. Ich habe Elternabende erlebt, zu denen sich lediglich zwei Elternteile verirrten. In solchen Fällen gibt es aber auch selten Streit.

Hindernis 2: Der Termin

Elternabende finden – wie der Name schon beinhaltet – immer abends statt. Das liegt in der Natur der Sache und ist aber das nächste Hindernis. Niemand mag solche Abendtermine. Eltern wie Lehrer haben den Tag mit Arbeit verbracht, sind gehetzt, genervt und müssen nun auf das Feierabendbier, den Sport, die Couch, den Partner oder andere verlockende Dinge verzichten. Für die Lehrerin ist es gleich doppelt deprimierend, fährt sie doch an diesem Tag gleich zweimal zur Arbeit.

Demnach liegt es in der Verantwortung aller Beteiligten, solche Veranstaltungen nicht künstlich in die Länge zu ziehen. Mitunter kann es von Vorteil sein, im Vorhinein einen klaren Zeitrahmen für jeden Tagesordnungspunkt abzustimmen. Damit werden Endlosdiskussionen schon im Keim erstickt. Länger als neunzig Minuten muss kein Elternabend dauern! In den meisten Fällen ist eine Stunde vollkommen ausreichend. Verbindet man einen Elternabend mit einem anschließenden Kneipenbesuch, lassen sich viele Punkte auch auf einer eher informellen Ebene klären. Und das Feierabendbier ist auch gesichert.

Hindernis 3: Die Eltern

Nichts fürchten Grundschullehrerinnen so sehr wie aufmüpfige Eltern. In nahezu jeder großen Pause ranken sich die Gespräche im Lehrerinnenzimmer um abendliche Telefonanrufe, zweifelhafte Niederschriften im Mitteilungsheft und misslungene Tür- und Angelgespräche. Gern werden solche Probleme generalisiert und im Folgenden ist dann immer von »den Eltern« die Rede, obwohl es sich meist um eine überschaubare Minderheit handelt. Aber auch Minderheiten können einen in den Wahnsinn treiben.

Die meisten dieser *Problemeltern* zeichnen sich durch ein Übermaß an Distanzlosigkeit aus, wollen ständig über alles und jeden diskutieren, verfolgen die betreffenden Lehrerinnen bis in deren Privatgemächer, rufen diese dauernd an und überschütten sie mit Briefen, E-Mails oder sonstigen Mitteilungen. Ich habe Lehrerinnen sich schon hinter Blumenkübeln verstecken sehen, nur um einem bestimmten Elternteil nicht in die Arme zu laufen. Wie nun soll man solchen Eltern begegnen?

Wer den Gebrauch von Schusswaffen scheut, muss sich auf andere Strategien besinnen. Rezepte gibt es dafür nicht, aber ein paar einfache Grundregeln:

Für Gespräche braucht es Termine. Werden diese nicht vereinbart, wird auch nicht gesprochen. Wer seine private Telefonnummer preisgibt, sollte feste Telefonzeiten vereinbaren und darauf beharren, nur in dringenden Notfällen angerufen zu werden. »Warum hat mein Kind im Diktat eine Drei, obwohl es zu Hause alles konnte?« ist kein dringender Notfall. In solchen Fällen reicht es manchmal, einfach aufzulegen. Ich habe einmal die fünf sinnlosesten Anrufe niedergeschrieben und auf einem Elternabend vorgetragen. Das hat zumindest eine Weile vorgehalten.

Sich hinter Blumenkübeln zu verstecken ist hingegen nur wenig ratsam. Zwar geht man dem nahenden Unglück damit für einen Augenblick aus dem Weg, doch sind solche Probleme wie Bumerangs und kommen gern wieder zurück. Unangenehmen Eltern muss man sich stellen, so nervenaufreibend das auch sein kann. Insbesondere auf Elternabenden sind Blumenkübel rar gesät. In schwierigen Situationen sollte man darauf bedacht sein, sich nur auf der sachlichen Ebene zu bewegen und nicht in Details verstricken zu lassen. Sind mehrere Eltern anwesend, darf sich das Gespräch nie um einzelne Kinder drehen, sondern stets um die ganze Gruppe. Alles andere lässt sich nur in Einzelterminen klären.

Einen besonderen Status in der Kategorie der nervigsten Eltern nehmen Kolleginnen ein: Mütter, die gleichzeitig Lehrerinnen sind oder waren, sind der Supergau jeder Klassenlehrerin. Nicht genug damit, dass ihre Kinder – getreu einem alten Sprichwort – nur in Ausnahmefällen wohlgeraten, ist der konfliktfreie Umgang mit dieser Spezies nahezu unmöglich. Einzig und allein die Aussicht, dass in vier Jahren alles wieder vorbei ist, wirft einen schmalen Hoffnungsschimmer. Aus plumper Rache fangen betroffene Lehrerinnen häufig dann aber damit an, sich ebenso selbst zu vermehren und geben die gesammelten Erfahrungen mit unverminderter Härte an die jeweiligen Klassenlehrerinnen ihrer Kinder weiter. Dieser Kreislauf wird nie durchbrochen.

Hindernis 4: Die Lehrerinnen

Zu Elternabenden lädt der Elternbeirat ein. Die Klassenlehrerin ist zwar immer anwesend, aber im Gegensatz zu ihrer Arbeit mit den Kindern nicht die eigentliche Chefin im Ring. Dieser Rollenwechsel führt häufig zur Verwirrung aller Beteiligten, insbesondere dann, wenn die Lehrkraft ausschweifend zu monologisieren beginnt. Elternabende müssen immer mit dem Elternbeirat abgestimmt sein. Wer darauf verzichtet, wird mit Sicherheit nur wenig Erfolg haben. Nichts wird einem weniger verziehen, als die Belange der Eltern zu ignorieren. Ein Elternabend ist keine Informationsveranstaltung der Klassenlehrerin. Die meisten organisatorischen Dinge lassen sich ohnehin viel einfacher per Brief oder E-Mail klären. Lehrkräfte, die ihre Elternabende ausschließlich für solche Zwecke missbrauchen, werden nur wenig Zuspruch von ihrer Elternschaft erfahren. Die Tagesordnung wird in jedem Fall vom Elternbeirat festgelegt. Vorschläge sind dabei meistens willkommen, mehr aber auch nicht.

Diese Form der Zurückhaltung fällt nicht allen Lehrerinnen leicht, geben sie damit doch auch ein Stück Kontrolle aus der Hand. Umso wichtiger ist es, sich vorab genau mit der jeweiligen Tagesordnung auseinanderzusetzen.

Manche Lehrerin bringt ihre Elternschaft schon mit der Sitzordnung gegen sich auf. Bevor man auf einem Elternabend alle Stühle in einen Kreis stellt, sollte man sich gut überlegen, was man damit anrichtet, wenn niemand mehr verstohlen auf sein Handy schielen kann. Ein Elternabend ist keine Selbsthilfegruppe.

»Hallo, mein Name ist Harald Müller und ich habe ein Grundschulkind in dieser Klasse.«

»Hallo, Harald Müller!«

Nein, so etwas möchte ich nicht erleben.

Hindernis 5: Ewige Streitthemen

Stark gekürzte Niederschrift zum Thema »Gesundes Frühstück«
Dauer des Originaldisputs: ca. 90 Minuten
Kursiv gedruckt: die Rolle der Lehrerin

»Ein Blick in die Frühstücksdosen Ihrer Kinder hat mir gezeigt, dass wir das Thema gesunde Ernährung dringend besprechen müssen. Ich bin der Meinung, dass alle Kinder nur Vollkornbrote und erntefrisches Gemüse aus der Region zum Frühstück essen sollten. Nutellabrote, abgepackte Trinkpäckchen und sonstige Fertigprodukte möchten wir an dieser Schule nicht mehr sehen.«

»Was hat die Ökotrunsel gerade gesagt?«

»Keine Nutella. Ist verboten.«

»Eine einzige Tüte Capri-Sonne enthält siebenunddreißig Zuckerwürfel. Pressen Sie Ihrem Kind jeden Morgen einen Saft aus frischen Karotten und Sellerie aus. Damit beugen Sie Karies vor und stärken die Abwehrkräfte Ihres Kindes.«

»Mein Sohn hat Abwehrkraft. Haut jeden um, der ihn beleidigt!«

»Sind Fruchtzwerge denn erlaubt?«

»Was ist das, Fruchtzwerg? Meinst du mich?«

»Ich schlage deshalb vor, dass wir jede Woche einen Vollkorn-, einen Obst- und einen Gemüsetag einführen. Jeden Freitag dürfen Ihre Kinder dann auch mal ein Bonbon naschen.«

»Ich schlage auch. Aber nicht vor, sondern dich!«

»Hilfe, so hören Sie doch auf ... Fruchtzwerge sind Joghurts. Das war doch nicht so gemeint. Nehmen Sie Ihre Hände da weg!«

»Könnte ich um ein wenig Ruhe bitten. Wir habe hier Klassenregeln, die auch von Ihnen einzuhalten sind!«

»Mein Kind isst jeden Tag Wurst. Und dabei bleibt es!«

»MÖRDER!«

»Ich fände es aus organisatorischen Gründen einfacher, wenn vielleicht donnerstags ein Stück Schokolade erlaubt wäre ...«

»Das ist doch alles Käse.«

»Anna Sofia mag keinen Käse. Da kann ich machen, was ich will. Keinen Käse. Nicht mal Mozzarella. Selbst auf der Pizza schabt sie den Käse ab.«

»Ich rufe Sie erneut zur Ordnung. Es geht um nicht weniger als die Gesundheit Ihrer Kinder!«

»Wurst ist gesund!«

»Aber nix Schweinewurst. Nur Halal!«

»Schweine sind auch Wurst!«

»Tiere gehören nicht aufs Frühstücksbrot! Anna Lena liebt Tiere. Sie soll nicht mitansehen müssen, wie andere Kinder jeden Tag in ihre Freunde beißen. Meine Tochter ist bereits jetzt schon vollkommen traumatisiert.«

»Ja, von Ihnen!«

»Ich verbitte mir diesen Ton!«

»Bioschabracke!«

»Frühstücksfaschist!«

»Nutella ist nix Fleisch, also machen wir so?«

Zustimmendes Nicken.

Und am Ende bleibt alles, wie es immer war.

F wie Förderplan

Bislang war der Begriff *Förderplan* vor allem aus dem sozialistischen Braunkohletagebau bekannt, doch die Zeiten haben sich geändert. Die Zechen stehen still. Gefördert werden heutzutage Kinder.

Die Förderung von Kindern ist eine Kernaufgabe der Schule, und damit die ganze Geschichte nicht planlos versandet, müssen Förderpläne geschrieben werden. »Förderpläne sind schülerbezogene Pläne, die anlassbezogen individuell die besonderen Fördermaßnahmen der Schule konkretisieren.« So steht es im Hessischen Schulgesetz (Verordnung zur Gestaltung des Schulverhältnisses). Für die Klassenlehrerin bedeutet das eine Menge Papierkrieg, ohne den jede Nichtversetzung von den Eltern juristisch angezweifelt werden kann. Dumme Kinder gibt es heute nicht mehr, nur unzureichend geförderte. Die Konzentration auf den Förderaspekt ist eine der wichtigsten Veränderungen in der Grundschule, weil sie weitreichende Konsequenzen nach sich zieht.

Nicht alle Kinder lernen das Gleiche, lautet der einfache Grundsatz. Im Normalfall müsste die Lehrerin in ihrem Unterricht auf das Lernniveau jedes einzelnen Schülers Rücksicht nehmen. Der Schlüssel dazu heißt Differenzierung: Für jede Unterrichtseinheit werden Mindestanforderungen festgelegt, die für alle Schüler zu bewältigen sind. Die Kinder erhalten zudem die Möglichkeit, neben diesen Mindestanforderungen weiterführende Erkenntnisse zu gewinnen. Förderung ist demnach für *alle* Kinder wichtig.

Dieser Ansatz wird allerdings nicht immer konsequent umgesetzt. Häufig werden Kinder nur dann gefördert, wenn sie dem Regelunterricht nicht mehr folgen können. Das ist zwar auch eine Art von Förderung, widerspricht aber der eigentlichen Idee verschiedener Lernniveaus und unterschiedlicher Lernausgangslagen. Laut Schulgesetz sind Förderpläne erst im Falle eines drohenden Leistungsversagens und bei drohender Nichtversetzung sowie im Falle der Nichtversetzung von der Klassenlehrerin zu erstellen.

Doch wann genau beginnt ein drohendes Leistungsversagen? Hier gibt das Schulgesetz keine weitere Auskunft. An dieser Stelle wird deutlich, wie wichtig es ist, sich im Vorhinein Gedanken über Mindestanforderungen zu machen. Wie so oft existieren keine einheitlichen Regelungen zur Erstellung von Förderplänen. Jede Schule arbeitet mit eigenen Formularen, die mehr oder minder sinnvoll sind. In einem Förderplan sollten jedoch immer die Lernausgangslage, der zu fördernde Lernbereich sowie Material und Methoden zur Förderung des Kindes benannt werden. Zudem sollte ein klarer Zeitrahmen vereinbart und Möglichkeiten zur Überprüfung des Gelernten festgelegt werden.

Und genau hier wird es schwierig. Oft ist es gar nicht so einfach herauszufinden, ob die durchgeführten Fördermaßnahmen wirklich erfolgreich waren. Hatte ein Kind beispielsweise Schwierigkeiten beim Erlernen des kleinen Einmaleins, sind diese nicht automatisch nach einer bestimmten Anzahl von Förderstunden behoben. In der Pädagogik geht es nur selten um schnelle Erfolge. Steter Tropfen höhlt den Stein. Mitunter fruchten die geleisteten Fördermaßnahmen erst Monate später. Nicht immer lassen sich die reifen Früchte der Erkenntnis unmittelbar ernten. In solchen Fällen kann es ratsam sein, die Fördermaßnahmen im Sinne einer formativen Leistungsfeststellung mit Hilfe eines Portfolios zu dokumentieren, damit die investierten Bemühungen auch dann sichtbar werden, wenn das Kind die erwarteten Leistungen noch nicht erfüllt.

G wie Goldgeist

Wo Kinder sind, da gibt es Läuse. Kleine, flügellose Insekten, deren Lebensraum sich ausschließlich auf die menschliche Kopfhaut beschränkt. Die Beine der Kopflaus sind als Klammerorgane für das Klettern in den Haaren ausgebildet. Der sehr druckfeste Körper widersteht einer Belastung von bis zu einem Kilogramm. Jede Kopflaus ist serienmäßig mit einem Stechrüssel ausgestattet. Zwei- bis dreimal täglich saugt sie damit einige Milligramm Blut aus der Kopfhaut. Die Stiche der hungrigen Parasiten verursachen einen starken Juckreiz.

Kopfläuse verbreiten sich schnell und überaus demokratisch, niemand ist vor ihnen gefeit. Häusliche Hygiene spielt dabei nur eine untergeordnete Rolle. Kopfläuse fühlen sich auch in frisch gewaschenem und morgendlich frisch gekämmtem Mädchenhaar pudelwohl. Ob blond, schwarz oder braun, die Kopflaus nimmt es, wie es kommt.

So egal es dem lästigen Parasiten ist, auf welchem Haupt er sich niederlässt, so unterschiedlich fallen die Reaktionen der sekundär Betroffenen aus. Primär betroffen ist zunächst nur das Kind. Es fängt an zu jucken, das Kind kratzt sich die Kopfhaut blutig und äußert lautstark seine Miss-Stimmung. Und damit nimmt die Katastrophe ihren Lauf:

»Wo hast du diese Dinger her?«, hört man die aufgeregte Elternschaft skandieren. »Bestimmt wieder aus dieser Drecksschule! Das kommt nur davon, dass die Mädchen neben den Jungen sitzen müssen!«

Gern werden aber auch andere Familien bezichtigt:

»Du gehst nie wieder zu Leon! Kindergeburtstag hin, Kindergeburtstag her. Wir wissen ja, wie es bei denen zu Hause aussieht.«

Wichtig ist allein die Schuldfrage und schuld sind bekanntlich immer die anderen.

»Was unternimmt denn die Schule gegen die Läuse?«, schallt es durch die Klassenzimmer. Wo sich Kopfläuse breitmachen, liegen die Nerven schnell blank.

Besonders kritisch wird es, wenn es um die Bekämpfung der lästigen Plagegeister geht. Von vollkommener Ignoranz bis hin zur Komplettrasur ist quasi alles möglich. Läusekämme und Biotinkturen, chemische Keulen und Haarschneidemaschinen geben ihr Bestes, der Plage wieder Herr zu werden. Stofftiere verschwinden über Tage in Tiefkühltruhen und drei Wochen später fängt es schließlich wieder an, irgendwo zu jucken.

Ich warte gespannt darauf, ob sich private Investoren endlich der Sache annehmen. Denkbar wäre etwa eine Goldgeist-Schule, benannt nach einem der bekanntesten Mittel zur Entwesung von Kinderschöpfen. Das klingt nicht nur schön, auch die Eltern wären endlich beruhigt. Und für die Kopflaus blieben immerhin noch die Kindergärten übrig.

Ein Vorteil sei euch gewiss: Kopfläuse lieben Kinderhaar. Nur in Ausnahmefällen lassen sich die Parasiten auch auf den Häuptern Erwachsener nieder.

Insbesondere langhaarige Kolleginnen stehen scharenweise bereit, sich der kleinen Plagegeister bereitwillig anzunehmen – vielen Dank dafür.

H wie Hurensohn

»Solche Wörter kennt mein Sohn gar nicht! Das hat er nur in der Schule gelernt.«

»Richtig, und nicht nur gelernt, er wendet sie auch bei jeder sich bietenden Gelegenheit an. So wie er unschuldigen Erstklässlern die Beine stellt und dabei jedes Mal laut ›Gehfehler!‹ kreischt, in nahezu jeder Pause die Fäuste fliegen lässt und bereits über eine beachtenswerte Trophäensammlung ausgerissener Haare verfügt. Nein, Ihr Sohn ist eigentlich ein ganz Lieber. Und wehren, da haben Sie vollkommen recht, wehren wird man sich ja wohl können dürfen, wenn man nicht vom Rest der Welt als Weichei gebrandmarkt werden will. Nein, ›Schwuchtel‹ sagen wir hier nicht so gern. Eigentlich ist er das Opfer. Aber gut, dass wir mal darüber gesprochen haben.«

Eine Grundschule ist kein Ponyhof. Das weiß jeder, der schulpflichtige Kinder hat. Viele Menschen auf zum Teil sehr engem Raum, da sind die Konflikte vorprogrammiert. Auf einem Kreuzfahrtschiff wird nur deshalb nicht gemordet, weil alle Passagiere rund um die Uhr mit der Nahrungsaufnahme beschäftigt sind. Im Gegensatz zu einem Kreuzfahrtschiff ist die Grundschule aber kein Ort der Freiwilligkeit. Der Kurs wird vom Staat bestimmt. Die allgemeine Schulpflicht ist nicht verhandelbar. Welche Grundschule die Kinder letztendlich besuchen, ist in der überwiegenden Mehrzahl aller Fälle nicht wählbar und richtet sich strikt nach dem Wohnort. Da spielt es keine Rolle, welchen Ruf eine Schule hat, was dazu führt, dass Eltern, die eine bestimmte Schule vermeiden möchten, plötzlich zweite Wohnsitze aus dem Hut zaubern, Büroadressen angeben oder vollkommen überraschend umziehen. In der Grundschule kommen alle Kinder eines Wohnviertels zusammen, unabhängig ihrer Herkunft oder ihrer sozialen Schicht. Hier wird nicht sortiert.

Die Grundschule ist somit der letzte demokratische Ort in der Entwicklung eines Menschen. Eine traurige Feststellung, wenn man bedenkt, dass die Kinder diesen Platz in beinahe allen Bundesländern schon nach vier Jahren wieder räumen müssen. In Städten wie Frankfurt oder Offenbach sind Klassen mit bis zu 15 verschiedenen Nationalitäten keine Seltenheit. Ebenso unterschiedlich wie die kulturellen Hintergründe der Kinder sind ihrer sozialen Erfahrungen. Das kann man als Chance begreifen, führt aber unbestreitbar auch zu Auseinandersetzungen, deren Verlauf auch einmal härtere Züge annehmen kann. Nicht in jedem Hafen scheint die Sonne.

Kategorie 1: Flüche und einfache Schimpfwörter

Einfache Flüche und Schimpfwörter gehören zum Alltagsgeschäft. Oft sind solche Wörter zu Hause verboten und müssen daher in der Schule gesagt werden. Hier sind die Kinder unter sich und hauen raus, was sie gerade aufgeschnappt haben oder aus anderen Quellen schon kennen. Wichtig sind dabei vor allem die Reaktionen der anderen. Hier geht es nur um Aufmerksamkeit. Jungs wollen sich mit solchen Wörtern gern in den Vordergrund spielen. Dafür muss man Verständnis haben, fehlen ihnen häufig noch alle anderen Mittel, dies zu tun. Hin und wieder können solche vorlaut reingerufenen Unflätigkeiten aber tatsächlich lustig sein, wie folgendes Beispiel beweist.

Im Morgenkreis: Die Kinder eines zweiten Schuljahres erzählen vom Wochenende.

Ein Mädchen ist an der Reihe: »Also, wir waren am Main, dann sind wir in den Beach-Club gefahren.«

Ich unterbreche: »Beach heißt auf Englisch Strand.«

Darauf ein vorlauter Junge: »Ja, und bitch heißt auf Englisch Schlampe.«

Auch dieses Arbeitsblatt bringt nur eine sehr überschaubare Minderheit aller Kolleginnen zum Lachen.

Kategorie 2: Beleidigungen

Jetzt wird es schon ernster. Die verbale Beschimpfung ist die Vorstufe zur körperlichen Auseinandersetzung. Dabei gibt es durchaus Abstufungen. In Stufe eins werden noch harmlosere Wörter gewählt. Klassische Beispiele sind: Idiot, Dummkopf oder Arschloch, aber auch kindliche Varianten wie Pupsgesicht sind durchaus keine Seltenheit.

Stufe zwei ist dann deutlich ernster zu nehmen, weil hier Wörter verwendet werden, deren Bedeutung Kinder oft nur erahnen, sich aber sicher sind, damit irgendeine Grenze zu überschreiten (Wichser, Fotze, Spasti usw.).

Erst bei Stufe drei fliegen schließlich die Fäuste, denn hier werden nicht nur andere Kinder, sondern gleich deren ganze Familie beleidigt, und das gilt in vielen Fällen als klare Aufforderung zur Ausübung unmittelbarer Gewalt. Die Worte »Hurensohn« und »Deine Mutter ...«

stehen sinnbildlich für den Beginn fast jeder körperlichen Auseinandersetzung.

Kategorie 3: Blutrache

An dieser Stelle ist der Konflikt von den Kindern auf deren Eltern übergesprungen. Während südländische Väter die Ehre ihrer Kinder unmittelbar mit Blutrache verteidigen wollen, neigen ihre hessischen Pendants zu deutlich schlichteren Verfahren: »Pass uuff, isch tauch dein Kopp im Klobeckken unner, bissde kaa Luft mer krischst!«

Im Nachhinein klingen solche Drohungen sogar recht putzig, zeugen sie doch von einer betörenden Schlichtheit. Sieht man sich solche Eltern an, erscheinen einem deren Kinder plötzlich als überaus vernünftige Menschen. Dennoch sollte man auf der Hut sein. In schwierigen Situationen kann es durchaus von Vorteil sein, Elterngespräche nicht allein zu führen.

Die Grundschule ist ein Spiegelbild der Gesellschaft. Und nicht immer schauen schöne Menschen in diesen Spiegel.

I wie Internet

Das Netz ist überall, sieht alles, vergisst nichts und macht auch vor Grundschulen keinen Halt.

Gut neunzig Prozent aller Kinder meines letzten vierten Jahrgangs besaß ein Smartphone und hatte freien Zugang zum Internet. Heutige Grundschulkinder kommunizieren über Facebook und Whats-App ebenso selbstverständlich wie auf dem Schulhof. Auch Eltern, die ihren Kindern aus pädagogischen Gründen den Zugang zum Internet erschweren, müssen damit rechnen, dass sich die Neugier ihrer Sprösslinge nicht durch Verbote einschränken lässt. Irgendwo findet sich immer ein Weg. Der beste Freund, die beste Freundin, Oma und Opa, deren Selbstverständnis von Passwörtern noch nicht vollkommen ausgereift ist, oder wahlweise auch Tante und Onkel und die digitale Welt offenbart sich in all ihrer Größe und Abscheulichkeit. Früher dienten morgendliche Erzählkreise in Grundschulen hauptsächlich dazu, das Erzählvermögen der Kinder zu schulen, heutzutage muss man schon genauer hinhören, was sie dort berichten, denn nicht alle Eindrücke können Kinder so einfach verarbeiten.

Bis zum Ende des zweiten Schuljahres verspüren die meisten Kinder noch keinerlei Drang, sich mit der digitalen Welt auseinanderzusetzen. Die Faszination für das Internet beginnt meist erst mit ca. neun Jahren. Umso wichtiger ist es, Themen wie Sexualkunde schon im dritten Schuljahr durchzunehmen. Denn spätestens ein Jahr später haben viele Kinder schon Dinge gesehen, die selbst Erwachsenen noch die Schamesröte ins Gesicht treiben.

An vielen Grundschulen sind Handys komplett untersagt. Das ist sicherlich sinnvoll, denn wozu brauchen Kinder Telefone im Unterricht, doch lässt sich dieses Verbot nur in den wenigsten Fällen wirklich durchsetzen. Die Panik der Eltern ist einfach zu groß. »Was soll mein Kind denn machen, wenn es auf dem Schulweg von einem fremden Mann angesprochen wird?« ist eines der meistgenannten Argumente gegen das Handyverbot. Die Panik vor sexuellen Übergriffen ist allumfassend und der allgemein herrschende Kontrollwahn ist nicht allein der NSA vorbehalten, sondern treibt seine Wurzeln bis in die Familien. Gegen solche Ängste kann man schwer arbeiten und so haben die meisten Grundschulkinder eben doch ein Handy in ihrer Schultasche. Zumindest ausgeschaltet und verborgen müsse es bleiben, so oder ähnlich lautet der Kompromiss, auf den es in den meisten Fällen dann hinausläuft.

Als Lehrer sollte man sich gut überlegen, wie man mit der digitalen Welt in Kontakt tritt. Ich habe das Glück, noch einer Generation anzugehören, die sich entscheiden konnte, ob sie einen Facebook-Account haben wollte oder nicht. Die heutige Generation junger Lehrerinnen ist ausnahmslos in den sozialen Netzwerken vertreten und muss sich deshalb auch mit den negativen Seiten dieser Kommunikationsplattformen herumschlagen. Lehrer sind öffentliche Personen, man sollte genau abwägen, welche Bilder, Daten und Informationen für Kinder und deren Eltern einsehbar sind. Ich habe keinen Facebook-Account, weil ich keine Freundschaftsanfragen von Kindern oder Eltern annehmen oder ablehnen möchte. Die Trennlinie zwischen Beruf und Privatem sollte scharf und unmissverständlich bleiben, was nicht heißt, dass man als Lehrer ein unnahbares Eremitendasein fristen muss. Dennoch sollte man darauf gefasst sein, dass man von Eltern gegoogelt wird. Warum auch immer, denn ich käme nie auf die Idee, nach Eltern zu googeln, doch sie tun es trotzdem. Und so kann es schon auf dem ersten Elternabend zu merkwürdigen Fragen kommen:

»Sind Sie das, dessen Bild ich auf ›Komasaufendotcom‹ gefunden habe? Gell, Sie waren im Sommer am Ballermann? Wer ist denn die dralle Blondine an Ihrer Seite?«

Jeder hinterlässt seine Spuren im Netz und Eltern sind neugierig. Allzu privaten Fragen entgegnet man am besten mit einfachen Gegenfragen. Das sorgt in den meisten Fällen schnell für Ruhe.

Für den Unterricht hingegen spielt das Internet in der Grundschule nur eine untergeordnete Rolle. Zwar eignen sich manche Seiten gut zum Zweck der Recherche, doch lassen sich die meisten Inhalte sehr gut ohne digitale Unterstützung bewältigen. So altmodisch das klingen mag: Lesen, Rechnen und Schreiben lernt man nicht im Internet.

J wie Jungs

Jungs kommen in der Grundschule oft zu kurz. Schon in den Kindergärten waren die meisten Kinder nur von weiblichem Personal umgeben. Das setzt sich in der Grundschule dann fort. In zahlreichen Kinderbiografien spielen männliche Bezugspersonen erst mit Eintritt in die weiterführenden Schulen eine Rolle. Das ist nicht nur schade für die Jungs, sondern hat mitunter auch negative Auswirkungen auf deren Entwicklung.

Viele für Jungen typische Verhaltensweisen werden von Erzieherinnen und Lehrerinnen falsch interpretiert. Nicht jede körperliche Auseinandersetzung ist gleich eine Orgie der Gewalt und bedarf unmittelbarer pädagogischer Maßregelungen. An zahlreichen Schulen ist beispielsweise das Fußballspielen im Pausenhof verboten, sobald ein sechsjähriges Mädchen von einem Softball getroffen wird und herzzerreißend in Tränen ausbricht oder sich ein paar aufgebrachte Hitzköpfe über eine unklare Spielsituation in die Haare bekommen. Jungs müssen lernen sich auseinanderzusetzen, aber wie sollen sie das tun, wenn sie keinerlei Möglichkeit bekommen, sich dabei auszuprobieren?

Kleinere Raufereien zwischen Jungs sind vollkommen normal und sogar wichtig, denn werden sie im Grundschulalter nicht ausgelebt, können sich diese kindlichen Verhaltensweisen bis hinein in die Pubertät verlagern und deutlich ernsthaftere Konsequenzen nach sich ziehen. Viele Lehrerinnen neigen dazu, auf jede Form physisch ausgetragener Konflikte mit Verboten und Sanktionen zu reagieren. Das ist aber nicht immer der richtige Weg. Raufen und Kämpfen können zum Beispiel wunderbar in den Sportunterricht integriert werden.

Ebenso verhält es sich bei der Auswahl der Themen in den Fächern Sachunterricht und Kunst. Da werden Pferde durchgenommen und Feenschlösser gemalt, während die Jungs an Monstertrucks und Wrestling denken. Um den heranwachsenden Jungs dann endgültig den Rest zu geben, wurde der Handarbeitsunterricht erfunden. Eine befreundete Kollegin wollte mit ihrer Klasse die Skyline von Frankfurt sticken. Gut, das ist immerhin deutlich innovativer, als den obligatorischen Topflappen zu häkeln, kann die Gefühlslage eines bislang psychisch vollkommen gesunden neunjährigen Jungen aber dennoch komplett aus dem Gleichgewicht bringen. Flehend bettelte er seine Lehrerin an: »Frau Schneider, ich gebe dir Geld, wenn ich das nicht machen muss!«

Zum besseren Verständnis der gesamten Problematik noch ein Bild, das mich bis heute erheitert und eine Kollegin vollkommen aus der Fassung brachte. Die Kinder eines zweiten Schuljahres bekamen die Aufgabe, ein Bild zu malen. Die vorgegebene Überschrift lautete: Mein schönster Traum. Während die Mädchen allesamt Schlösser, Prinzessinnen und bunte Blumen zu Papier brachten, beschränkte sich der siebenjährige Luka auf einen einzigen Gedanken:

K wie Klassenfahrt

Als zukünftige Grundschullehrerin habt ihr, von einigen wenigen, meist selbstverschuldeten Ausnahmen einmal abgesehen, eigentlich ein gutes Leben. Wer seinen Unterricht zu strukturieren weiß und seine Klasse im Griff hat, kann sich an mehreren Tagen in der Woche bereits am frühen Nachmittag auf den Nachhauseweg machen. Nur zur Erinnerung: In anderen Berufszweigen ist es durchaus nicht unüblich, bis in den Abend hinein zu arbeiten. Wer Grundschullehrerin ist, muss lernen, mit dem Neid der anderen umzugehen. Während 80 Prozent der werktätigen Bevölkerung sich die Gesundheit in schlecht klimatisierten Großraumbüros ruiniert, habt ihr die Zeit, Geist und Körper zu pflegen, denn nur ein entspannter Lehrkörper ist ein guter Lehrkörper. Und sollte es trotzdem einmal zu stressig werden, gibt es immer noch die Ferien, dagegen erscheinen einem dreißig Urlaubstage als geradezu lächerlich. Augen auf bei der Berufswahl.

Lehrer haben vormittags recht und nachmittags frei, lautet ein bekanntes Vorurteil. Das ist mit Sicherheit übertrieben, aber wie viele Klischees nicht vollkommen aus der Luft gegriffen. Die Innenstädte und Freibäder sind an den meisten Nachmittagen gefüllt mit Pädagogen. Man setze sich zur Überprüfung dieser These einfach um 15 Uhr in ein x-beliebiges Café und lausche den Gesprächen am Nachbartisch. Es geht so gut wie immer um irgendeinen Leon, der das kleine Einmaleins einfach nicht verstehen will.

So angenehm sich das Leben als Grundschullehrer auch gestaltet. Alle vier Jahre werft ihr einen Blick in den Abgrund. Eine Woche lang ist plötzlich alles anders. Das Privatleben gibt es nicht mehr. Die Nächte werden zu Tagen. Schlaf ist nur noch eine vage Vorstellung. Innerhalb weniger Tage verliert ihr rund ein Drittel eures Körpergewichts. Fünf Tage, die euch vorkommen werden wie Jahre. Das Schreckgespenst hat einen Namen: Klassenfahrt.

Bei einer Lesung hätte ich nach dem Doppelpunkt eine kurze Pause eingelegt und das Wort *Klassenfahrt* wie von Orson Wells moduliert aus tiefster Kehle in das Mikrofon gehaucht: »Klassenfahrt.« Als Buchcover müsste man sich *Klassenfahrt* in leicht tropfenden Lettern vorstellen, ähnlich dem Schriftzug des Geisterjägers John Sinclair, dahinter das düstere Bild eines komplett verwüsteten Achtbettzimmers einer mittelhessischen Jugendherberge.

Mit einer Grundschulklasse auf Klassenfahrt zu fahren ist eine der letzten großen Herausforderungen unserer Zeit, ähnlich der Beilegung des Nahost-Konflikts: nahezu unmöglich und dennoch wird es wieder und wieder versucht.

Schon die Planung der Reise bringt einen an die Grenzen des Machbaren. Zahllose Rechtsvorschriften sind einzuhalten. Dazu die Elternabende. Aus einer vorher vollkommen normalen Klasse wird plötzlich eine Schar von eigenwilligen Individualisten. Vegetarier, Bettnässer und Allergiker sind dabei nur die Spitze des Eisbergs:

»Werden die Messer, mit denen das Rindfleisch geschnitten wird, in den gleichen Schubladen aufbewahrt, in denen die Messer, die mit Schweinefleisch in Verbindung gekommen sind, liegen?«

»Woraus besteht die Füllung der Matratzen und die der Tortellini?«

»Wie hoch ist der pH-Wert des Trinkwassers?«

»Handelt es sich um Tiefkühlgemüse oder um frische Bio-Produkte aus der Region?«

All das sind Fragen, auf die man spontan eine Antwort haben muss. Wohlgemerkt, irgendeine Antwort, denn wer dem Anspruch unterliegt, das alles zu wissen, wird nie mit einer Klasse in den Bus steigen.

Und damit geht es auch schon los: der Bus. Eine halbe Stunde, weiter müsst ihr euch zum Glück nicht von eurem Arbeitsplatz entfernen, habt ihr das zweifelhafte Vergnügen, neben einem stark übergewichtigen Busfahrer Platz zu nehmen, der es aus irgendeinem unerfindlichen Grund lustig findet, während der Fahrt Helene Fischer laufen zu lassen, und sich auch von fünfzig mitgrölenden Bälgern nicht aus der Ruhe bringen lässt. Natürlich, denn spätestens zwanzig Minuten später ist er die Plagen wieder los.

Danach entert die aufgekratzte Meute die Jugendherberge und das Unglück nimmt seinen Lauf: Betten beziehen. Kein Neun- oder Zehnjähriger kriegt das hin. Die Hälfte schafft es mit Mühe und Not, sich selbst zu bekleiden. Grundschulkinder leben heutzutage wie Fußballprofis.

Sie müssen sich um nichts mehr kümmern. Daraus resultiert ein hohes Maß an Unselbstständigkeit.

Nachdem ihr nun gut zwanzig Betten bezogen habt, erschallen die ersten Schreie aus dem Nachbarzimmer. Aufregung und Busfahrt haben dazu geführt, dass sich bereits zwei Kinder in ihre frisch bezogenen Betten übergeben haben. Kommando zurück und same player shoots again. Ganz nebenbei: Wer ohne einen Hunderterpack Einweghandschuhe auf Klassenfahrt fährt, ist selber schuld.

Mit dem Geruch von frisch Erbrochenem geht es zum Mittagessen, das passenderweise auch genauso aussieht. Widerwillig stochert ihr unmotiviert darin herum. Mittlerweile ist es zwei und ihr seid müde. Unendlich müde. Euer Biorhythmus gerät vollkommen aus den Fugen. Auf arbeitsreiche Nachmittage ist euer Körper einfach nicht vorbereitet. Jetzt gilt es durchzuhalten.

Spätestens um drei Uhr nachts bessert sich die Situation aber wieder. Das ist der Zeitpunkt, an dem euch dann alles egal ist. Das muss es auch sein, denn ihr werdet heute Nacht nicht schlafen. Die erste Nacht ist traditionell die schlimmste. Nicht, dass sich dieser Zustand in den kommenden Nächten wesentlich verbessern wird, aber eben auch nicht verschlechtern. Es gibt Dinge im Leben, die kann man nicht toppen.

Kevin kann nicht ohne Fernseher einschlafen, Murat nur mit Licht. Jamie muss alle fünf Minuten aufs Klo. Laura hat Heimweh, Pauline Kopfweh. Alexander vermisst seine Mutter, Ali seine Playstation und immer so weiter. Erst im Morgengrauen beruhigt sich die Lage langsam. Ein vorsichtiger Blick in den Spiegel und ihr erkennt die bittere Wahrheit: Charles Bronsons Augen sind einen Scheißdreck gegen eure.

Noch vor dem Frühstück klingelt euer Handy. Zur Sicherheit habt ihr den Eltern eure Handynummer hinterlassen, damit sie sich in Notfällen bei euch melden können. Ein großer Fehler, wie sich jetzt herausstellt, denn die Definition von Notfall wird sehr unterschiedlich interpretiert.

»Isch wollt bloß ema doschklingeln und hören, ob alles rodscher ist.«

»Benimmt sich Ali?«

»Hat Anna Lena ihr Calcium genommen?«

Irgendwann schaltet ihr das Telefon einfach aus. Nur wenige Stunden später wirft auch eure Mailbox das Handtuch.

Die Jugendherbergsmutter fängt euch auf dem Weg zur Toilette ab.

Drei Klobrillen werden vermisst. Irgendjemand hat es geschafft, alle Abflüsse mit Toilettenpapier zu verstopfen. Der Pegel steigt mit jedem weiteren Spülgang. Aus einem Reflex heraus versprecht ihr der Frau, euch darum zu kümmern. Schon wenige Sekunden später habt ihr alles wieder vergessen.

Am Nachmittag steht die erste Wanderung an. Auf der Packliste, die ihr vier Wochen vor Abfahrt verteilt habt, weil ihr davon ausgegangen seid, dass die Eltern nicht in der Lage sind, selbst zu entscheiden, was ihre Kinder benötigen, waren sämtliche Kleidungsstücke penibel aufgeführt. Leider waren die meisten Eltern nicht in der Lage, die Packliste zu lesen. Die Mädchen tragen ausschließlich glitzernde Ballerinas oder Riemchensandalen mit Prinzessin Lillifee-Aufdrucken. Das finden zwar alle hübsch, aber es ist Oktober und es hat angefangen zu regnen. Der Waldboden gleicht einer Wildschwein-Suhle. Immerhin haben fast alle Kinder irgendeine Art von Jacke dabei.

Es kommt, wie es kommen muss. Nach einer halben Stunde sind alle nass bis auf die Knochen. Einige wenige haben sich zudem im Schlamm gewälzt. Die im Matsch stecken gebliebenen Schuhe werden auf dem Rückweg wieder eingesammelt. Am Ende bleibt die Anzahl der Schuhe trotzdem ungerade. Verluste gibt es immer.

Die nächste Hürde lässt nicht lange auf sich warten. Das Thema Körperhygiene bleibt für einige Kinder nur eine abstrakte Wortschöpfung. Warum duschen, wenn man das bereits letzte Woche erledigt hat? Und warum schlafen? So ausgelaugt sich die maulende Meute eben noch durch den Wald geschlagen hat, wirklich müde wird sie nie. Vielleicht liegt es an den mitgebrachten Süßigkeiten. »Süßigkeiten in Maßen« lautete eure Formulierung auf dem letzten Elternabend. Wohlgemerkt Maßen, nicht Massen. Einige Koffer sind jedoch ausschließlich mit Chips und Schokolade gefüllt. Da wundert es nicht, dass für so unwichtige Dinge wie festes Schuhwerk oder ein Handtuch einfach kein Platz mehr war.

Mit jedem Tag steigt eure Gelassenheit gegenüber allen weiteren Katastrophen. Am Freitag könnte eine Atombombe neben euch explodieren und ihr würdet nur gleichgültig mit den Schultern zucken. Wichtig ist allein, dass am Ende alle Kinder wieder im Bus sitzen. Verlorengegangene Schuhe werden gemeinhin akzeptiert, bei fehlenden Kindern können Eltern durchaus ärgerlich reagieren, auch wenn euch das in einigen Fällen sehr unverständlich erscheinen mag. Noch eine halbe Stunde Helene Fischer und es ist vollbracht.

Das folgende Wochenende werdet ihr ausschließlich schlafend und essend verbringen. Es folgen vier ruhige Jahre, die euch dabei helfen werden, das alles für immer zu vergessen.

Der neue Aufsichtserlass für weiterführende Schulen sieht bereitvor, dass bei jeder Klassenfahrt eine männliche Begleitperson zugegen sein muss. Nun sind Väter, die eine Woche ihres Lebens dafür opfern, eine Grundschulklasse auf eine Klassenfahrt zu begleiten, schwerlich aufzutreiben. Künftige Kollegen, seht euch also vor, denn die lieben Kolleginnen werden euch ansprechen und dann muss deutlich mehr für euch rausspringen, als mal hin und wieder die Schlange am Kopierer zu umgehen.

L wie Laminieren

Der Kabarettist Han's Klaffl hat es in einem seiner Programme einmal so formuliert: Woran erkennt man eine Grundschullehrerin? Die Antwort: Wenn sie am Morgen bei der Fahrt zur Schule ein Eichhörnchen überfährt, steigt sie aus, sammelt es ein und laminiert es.

An dieser Beobachtung ist vieles, aber nicht alles richtig. Der Hang zum Laminieren ist an Grundschulen groß, teilt sich aber bei genauerer Betrachtung in unterschiedliche Lager.

Junge Kolleginnen laminieren prinzipiell alles. Jedes noch so unwichtige Arbeitsblatt wird in eine Folie gezwängt und anschließend durch das Laminiergerät gejagt. Oft sieht man die Generation der Junglehrerinnen sich grüppchenweise um das Laminiergerät scharen und miteinander tuscheln, während die Maschine im Akkord bunt bemalte Kärtchen in Plastik verschweißt.

Den Gipfel der Laminiersucht bilden die Referendarinnen. Könnte man Kinder laminieren, sie würden es tun, damit der einmal gelernte Unterrichtsstoff nie wieder aus ihnen herausflutschen kann. Die Manie, sein gesamtes Unterrichtsmaterial für alle Ewigkeit haltbar zu machen, entspringt einer anfänglichen Panik und dem Irrglauben, sich damit auf lange Sicht Arbeit zu ersparen. Betritt man die privaten Gemächer einer jungen Grundschullehrerin, sind nahezu alle Wände zugepflastert mit Unterrichtsmaterial. Ächzend biegen sich die Regale unter der Last der Folien. Jede Referendarin verschleißt in ihrer Ausbildungszeit mindestens ein Laminiergerät.

Ältere Kolleginnen laminieren hingegen mit Maß. Auch sie sind vertraut mit der Technik, haben aber inzwischen gelernt, dass ihre heimischen Regale nur eine bestimmte Last zu tragen bereit sind, und verzichten daher immer häufiger auf die schützende Plastik-Ummantelung einer Folie. Wenn eine erfahrene Lehrerin laminieren will, sind prinzipiell immer die Folien alle. Das führt unmittelbar zu heftigen Gefühlsausbrüchen, die meistens mit ein paar unbestimmten Bemerkungen des allgemeinen Grolls beginnen und übergangslos in einer durchaus konkreten Anklage münden können: »Ich will ja niemand direkt beschuldigen, aber…«, hört man es dann mit ungewohnter Schärfe durch das Lehrerzimmer schallen, während sich die Schar der unter Dreißigjährigen möglichst unauffällig verdrückt.

Hätten die erfahrenen Kolleginnen zu ihrer Blütezeit schon so laminieren können wie die heutige Generation, anstatt sich mit Blaupausen die Finger zu versauen, könnten sie jetzt ihre verstaubten Folien aus den Schubladen kramen und die Smartphone- und Tablet-versauten ADHS-Freaks mit Mengenlehre und lateinischer Ausgangsschrift zu Tode quälen. Manchmal ist es eben doch besser, wenn einige Sachen für immer verschwinden.

Ich kann mich dunkel daran erinnern, im Referendariat einmal laminiert zu haben, so wie ich geraucht habe, weil alle geraucht haben. Laminieren ist dem männlichen Wesen eher fremd. Wenn wir ein Kärtchen brauchen, auf dem wahlweise eine Zahl oder ein Buchstabe stehen soll, nehmen wir einen Edding zur Hand und fertig ist die Sache. Männer unterliegen selten dem Drang, alles unnötig auszuschmücken. Die von männlichen Lehrern erstellten Unterrichtsmaterialien bestechen meist durch eine kühle Sachlichkeit. Es bestünde schlichtweg kein Grund, diese für die Ewigkeit festzuhalten. Das Einsparen von Laminierfolien ist ein aktiver Beitrag zum Klimaschutz, das Betriebsklima miteingeschlossen.

Auch dem Dienstherrn ist die Laminiersucht seiner Grundschullehrerinnen bekannt. Seit 2018 dürfen alle Landesbeamten in Hessen den öffentlichen Nahverkehr kostenfrei nutzen. Dafür bekamen sie ein sogenanntes LandesTicket zugestellt. In dem beiliegenden Anschreiben war nur ein einziger Satz fett gedruckt:

Das LandesTicket darf nicht laminiert werden.

M wie Mengenlehre

Die Grundschule ist ein Ort ständiger Umgestaltung. Meine eigene Grundschulzeit ist mit dem Alltag eines heutigen Grundschulkindes in keiner Weise zu vergleichen. Das hat Vor- und Nachteile. Wer in einer Grundschule arbeitet, muss sich ständig mit Veränderungen herumschlagen. Alle neuen Unterrichtskonzepte und pädagogische Moden werden zunächst in der Grundschule ausprobiert. Viele werden diese Schulform nie verlassen.

Doch warum ist das so? Wohlmeinend könnte man sagen, dass die Kolleginnen an Grundschulen prinzipiell offenere Menschen sind, die auch neuen Ideen eine Chance geben und sich dabei immer wieder selbst erfinden. Boshaft gedacht, läge es auch im Bereich des Möglichen, dass der Widerstand an Grundschulen erfahrungsgemäß am schwächsten ist und die Kolleginnen der Grundschulen sich von daher bestens als Versuchskaninchen eignen. Die Wahrheit liegt bekanntlich immer irgendwo in der Mitte.

In den wenigsten weiterführenden Schulen hat man je von Wochenplänen, Stationsarbeiten, Themen-Werkstätten, Team-Teaching oder individuellen Lehrplänen gehört. Hier wird immer noch das Buch aufgeschlagen und Seite für Seite abgearbeitet. Jedes Kind hat seinen festen Platz. Fragt man einen beliebigen Lehrer eines Gymnasiums, ob er je von einem Sitzkreis gehört hat, kennt er diese Sozialform bestenfalls von einer Zusammenkunft der Anonymen Alkoholiker. Das ist mit Sicherheit schade, aber nicht das Problem der Grundschulen.

Wo viele neue Wege eingeschlagen werden, gibt es viele Irrwege. Das ist der Nachteil der ganzen Geschichte. Nicht jedes neue Unterrichtskonzept erfüllt die Erwartungen. Beispiele dafür gibt es genug. In meiner eigenen Grundschulzeit mussten wir uns mit der Mengenlehre herumschlagen. Unter der Bezeichnung »Neue Mathematik« wurde Anfang der siebziger Jahre in vielen Ländern der schulische Mathematikunterricht reformiert. Mit Einführung der Neuen Mathematik sollte auf den Ende der sechziger Jahre ausgerufenen Bildungsnotstand reagiert werden. Im

Zentrum des Anfangsunterrichts standen plötzlich nicht mehr das Zählen und Rechnen, sondern die Vermittlung des logischen Denkens sowie die Förderung des Abstraktionsvermögens der Kinder. Dazu bekam jeder Schüler ein kleines Kästchen mit bunten Plastikplättchen ausgehändigt. Das gesamte erste Schuljahr verbrachten wir damit, diese bunten Plättchen hin und her zu schieben, nach unterschiedlichen Kategorien zu ordnen, zu zeichnen und zu benennen. Zahlen tauchten im Mathematikunterricht gar nicht mehr auf. Von Rechenzeichen hatten wir nie etwas gehört. Die Eltern verstanden nur Bahnhof. Autoren wie Walter Robert Fuchs erzielten mit Büchern wie »Eltern entdecken die neue Mathematik (1970)« wahre Bestseller-Erfolge.

Die flächendeckende Einführung der Mengenlehre im Zuge der Neuen Mathematik ist ein gutes Beispiel für so manchen pädagogischen Schnellschuss. Ausschlaggebend war eine Studie, nach der Kinder, die in Mengenlehre unterrichtet wurden, bessere Leistungen in Mathematik gezeigt hätten. Die Konjunktive im vorangegangenen Satz sprechen bereits Bände, denn wie jede Studie enthielt auch diese zahlreiche Formfehler und so wurde die ganze Sache aufgrund des wachsenden Widerstandes der Eltern nur wenige Jahre später wieder rückgängig gemacht. Geblieben sind allein die Plastikplättchen, die noch heute in den Lehrmittelsammlungen der Schulen auf ihre Wiederentdeckung warten. Mögen sie für alle Zeiten dort bleiben.

N wie Noten

Deutsche denken in Schubladen. Da macht das deutsche Schulsystem keine Ausnahme. Nach der Grundschule stehen den Schülern drei verschiedene Bildungsgänge offen, für die es jeweils eine eigene Schulform gibt: Hauptschule, Realschule und Gymnasium. Parallel gibt es noch die Möglichkeit, auf einer Sonderschule unterrichtet zu werden, auch wenn man im Rahmen der inklusiven Beschulung versucht, deren Arbeit mehr und mehr in die Regelschule zu integrieren. Dieses Prinzip der frühzeitigen Schülerselektion, so einmalig es im internationalen Vergleich sein mag, ist im deutschen Bildungssystem wie in Stein gemeißelt. Jedem Schüler seine eigene Schule, und damit man weiß, welche die Richtige ist, müssen Schüler ständig bewertet werden.

Den Kindern sind Noten in der Grundschule zunächst vollkommen egal. Im ersten Schuljahr gibt es ohnehin noch keine Zensuren. Die Schüler erhalten lediglich eine schriftliche Beurteilung, deren Form sich von Schule zu Schule stark unterscheiden kann. Einige Kolleginnen richten sich in ihrer Ansprache direkt an das Kind. Sätze wie »Du kannst schon toll rechnen, aber der Zehnerübergang bereitet dir noch Schwierigkeiten« lösen bei mir allerdings nur Unverständnis aus, denn kein Kind kapiert, was damit gemeint ist. Gut, einigen Erwachsenen wird es ähnlich ergehen, aber hier könnte man es zumindest noch erwarten. Schriftliche Leistungsbeurteilungen lassen sich schwer in eine für Kinder verständliche Sprache fassen. Für die Rückmeldung der Lehrkraft an das Kind ist das Zeugnis ohnehin ein nur bedingt taugliches Instrument.

An Noten sind vor allen Dingen die Eltern interessiert. Das ist tief in der deutschen Seele verankert. Alles und jeder wird in diesem Land benotet. Für jeden Fußballspieler, jedes Hotel, jedes Restaurant gibt es Zensuren. Noten, wohin man blickt. In der Grundschule reicht die Notenskala von eins bis sechs. Jeder Note ist ein erklärendes Wort beigefügt, dessen Bedeutung sich aber nicht immer auf den ersten Blick erschließt. Während die Formulierungen *sehr gut* und *gut* noch recht eindeutig sind, lässt das Wort *befriedigend* schon allerlei Interpretationsspielraum zu.

Eine Drei stellt für viele Kinder schon eine mittlere Katastrophe dar. Insbesondere zartbesaitete Mädchen fangen bei einer Drei oft bitterlich zu weinen an. Von einer wie auch immer gearteten Befriedigung kann demnach keinerlei Rede sein. Das Wort befriedigend taucht ausschließlich im schulischen Kontext auf. Kein Mensch würde auf die Frage »Wie war dein Tag?« mit »Befriedigend« antworten. »So mittel« oder »Ganz okay« trifft es da schon eher, doch das würde sich in einem Zeugnis schlecht machen. Eine Drei kann alles bedeuten. Was für den einen der Weltuntergang ist, kann für den anderen die Rettung sein. Alle guten Dinge sind in diesem Zusammenhang jedenfalls nicht drei.

Ebenso missverständlich sieht es eine Kategorie weiter unten aus. *Ausreichend* in den Fächern Deutsch, Mathematik oder Sachunterricht ist alles andere als ausreichend, um in einem Gymnasium Fuß zu fassen. Verwirrung auf ganzer Linie. Hinzu kommt, dass die Notenskala in den sogenannten Nebenfächern oft nur von eins bis vier ausgeschöpft wird. Mir ist in meinen knapp zwanzig Berufsjahren noch kein Kind mit einer Fünf oder Sechs in den Fächern Sport, Kunst oder Musik begegnet. Damit verlieren die Bezeichnungen *befriedigend* und *ausreichend* letztendlich jede Bedeutung.

Noten unterteilen sich immer in zwei Kategorien: gerechte und ungerechte. Jeder kennt das aus seiner eigenen Schulzeit. Allen Kindern gerechte Zensuren zu geben ist eine Herkulesaufgabe. In den Hauptfächern unterteilen sich die Zeugnisnoten in einen schriftlichen und mündlichen Anteil, wobei der mündliche Anteil stets überwiegen soll. Schon jetzt wird es schwierig, denn die Lehrerin muss Qualität und Quantität aller Redebeiträge eines gesamten Schuljahres messen und bewerten. Ein Ding der Unmöglichkeit, wenn man davon ausgeht, dass in jeder Klasse etwa 25 Kinder arbeiten und jedes davon gleichberechtigt zu Wort kommen will. Auch der schriftliche Bereich hat seine Tücken. Drei Klassenarbeiten pro Halbjahr spiegeln nicht immer ein ausgewogenes Bild des Leistungsstandes wider. Hinzu kommt zwar noch eine nicht näher bezifferte Anzahl von Lernkontrollen, aber hier bewegen wir uns bereits im luftleeren Raum einer Kann-Regelung.

Wissenschaftlich betrachtet unterscheidet man zwischen der summativen und formativen Leistungsfeststellung. Mit summativ ist zusammenzählend, oder durch Summation erfolgend gemeint. Hier geht es um Notengebung, Versetzungen, Übergangsentscheidungen oder den Verweis an eine andere Schulform. Die formative Leistungsfeststellung hat den Schüler in seiner gesamten Entwicklung, den Lernprozess im Blick. Damit sind gestaltende Elemente wie Beobachtungen, Portfolios oder die Ausbildung von Kompetenzen gemeint.

Überaus rätselhaft bleibt oft das Zustandekommen der Zensuren in den früher als Kopfnoten bezeichneten Bereichen Arbeits- und Sozialverhalten. An zahlreichen Schulen gibt es weder klar geregelte Kriterien noch verbindliche Absprachen für die Bewertung der Kinder. Doch selbst wenn solche Absprachen existieren, liegt es immer noch im Ermessen der Lehrkraft, wie sie das Verhalten der Kinder einschätzt. Es wird dabei bleiben: So lange es Noten gibt, wird es immer auch ungerechte Noten geben. Das liegt in der Natur der Sache.

O wie Ordnung

Ordnung ist das halbe Leben, das sind bei einem durchschnittlichen Zweitklässler gerade einmal dreieinhalb Jahre und dementsprechend lax wird die Sache gehandhabt. Der Inhalt eines Schulranzens gehört zu den letzten ungelösten Mysterien der Menschheit. Ein unerforschter Lebensraum, wobei der Wortbaustein *Leben* in diesem Zusammenhang durchaus wörtlich zu nehmen ist, denn man glaubt kaum, zu welch erstaunlichen Organismen sich über Wochen vergessene Leberwurstbrote unter optimalen klimatischen Bedingungen unzureichend schließender Tupperdosen entwickeln können. Nur die mutigsten Menschen der Welt trauen sich das anzufassen. Grundschullehrerin ist eben kein Job für Weicheier. Jede Damenhandtasche ist im Vergleich zu einem wahllos ausgewählten Tornister ein Musterbeispiel für Perfektion und Pedanterie.

In einer Schultasche findet sich alles und gar nichts. Ein schönes Beispiel für die gleichzeitige Existenz und Nichtexistenz der Elemente, auch wenn man sich das im Alltag nur selten bewusst macht. Wer sucht, der findet, lautet die Devise, nicht immer das, was er finden wollte, aber so erging es schon dem guten alten Columbus und er ist nicht schlecht damit gefahren. »Wo ist der unterschriebene Elternbrief, den du mir schon letzte Woche zeigen solltest?«, hört man sich fragen, während die Nase noch mit dem ersten Schock der aus dem Ranzen aufsteigenden Duftwolke zu kämpfen hat. Trotz eines latenten Schwindelgefühls tastet sich die mutige Lehrerhand weiter durch die sich in allen bekannten und einigen noch nicht näher definierten Aggregatzuständen befindlichen Objekte vor. Aus den Tiefen des Schulranzens beginnt es leise zu rascheln. Der Impfpass einer Grundschullehrerin sollte immer auf dem neuesten Stand sein. An dieser Stelle hätte ich spontan noch ein vollkommen neues Sendekonzept für das Fernsehen anzubieten: »Tornister Terror – Prominente fassen in die Schulranzen ihrer Kinder!«. Sollte es »Wetten, dass …?« je wieder geben, könnte ich versuchen, alle Schüler meiner Klasse anhand des Geruchs ihrer geöffneten Schulranzen zu erschnüffeln. Gut, dass mittlerweile auch Programmdirektoren wissen, wann endgültig Schluss ist, denn das wäre dann vermutlich meine letzte Idee gewesen.

Den Schulranzen eines Grundschulkindes sollte man nie unterschätzen. Lieber hundertmal nachgefragt, als einmal nachgeschaut, lautet die einfache Regel, die auch Eltern schon lange verinnerlicht haben, denn auch sie wagen es nur in Ausnahmefällen, die Büchse der Pandora zu öffnen. Schulranzen dürfen nie einfach ausgekippt werden und wenn doch, sollte man sich unter allen Umständen in einem anderen Raum befinden. Eine merkwürdig hohe Anzahl von Kolleginnen betrachtet es aller Realität widersprechend dennoch als einfache Aufgabe für die Kinder, Ordnung in das vorherrschende Chaos ihrer Schulranzen zu bringen. Würde das gelingen, könnte man die Kinder kurz darauf auch mit der Entsorgung des deutschen Atommülls betrauen. Bislang gibt es aber für beide Probleme noch keine befriedigenden Lösungskonzepte. Viele Schulranzen werden nach vierjährigem Gebrauch einfach im Wald verscharrt. Die Firma Scout arbeitet seit geraumer Zeit an sich über die Jahre selbst zersetzendem Außenmaterial. Der entscheidende Durchbruch lässt noch auf sich warten, doch wir sind auf den Mond geflogen – es sollte also möglich sein. Aufgeräumte und saubere Schulranzen scheitern ähnlich dem Weltfrieden an der Natur des Menschen.

P wie Personal

An einer Grundschule arbeiten neben den allgegenwärtigen Lehrerinnen noch ein paar wenige andere Menschen. Umso wichtiger erscheint es mir, die Schlüssel- und Randpositionen einer durchschnittlichen Grundschule etwas genauer zu betrachten.

Der Schulleiter

Obwohl es in Grundschulen so gut wie keine Männer gibt, ist die Zahl der männlichen Schulleiter überraschend hoch. Warum das so ist, lässt sich einfach erklären. Schulleiter sind einsame Menschen. Einzelkämpfer, die mit ihrem Pferd (Konrektor) in den Sonnenuntergang reiten. Als Mann an einer Grundschule ist man die Einsamkeit gewohnt. Während sich die geschätzten Kolleginnen mal wieder über Erziehungsfragen oder die neusten Modetrends unterhalten, ist man mit den Gedanken oft ganz woanders. Die Umstellung fällt also relativ leicht.

Hinzu kommt ein unerklärlicher Drang, unbedingt Karriere machen zu müssen, der tief im männlichen Genom verankert ist. So fühlen sich viele Grundschullehrer nach einigen Berufsjahren automatisch dazu genötigt, wenigstens noch Schulleiter zu werden. Schulleiter oder Rektor hat eben einen ganz anderen Klang als einfach nur Grundschullehrer.

Dabei ist unser Ruf besser als gedacht. Zum Thema Grundschule kann jeder etwas beitragen. Man kommt schnell ins Gespräch. Männer, die in einer Grundschule tätig sind, ernten von Frauen oft bewundernde Blicke, was bei Börsenmaklern deutlich seltener passiert, auch wenn ein Börsenmakler sicherlich andere Gehaltsvorstellungen hat. Über Geld wird im Alltag jedoch selten gesprochen.

Ein weiterer großer Vorteil ist die Sinnhaftigkeit unseres Berufs. Während sich zahllose Arbeitnehmer jeden Morgen fragen, warum genau sie jetzt aufstehen und ins Büro fahren, ergibt sich die Antwort bei uns von ganz allein. Wir werden erwartet. Es gibt jeden Morgen mindestens zwanzig Menschen, die sich ehrlich auf uns freuen. Das ist an der Börse mit Sicherheit anders. Auch Schulleiter kennen dieses Problem.

Hin und wieder können die Reaktionen auf unseren Job zu großer Belustigung führen. Als ich auf einer Geburtstagsfeier einmal nach meinem Beruf gefragt wurde, antwortete mein Gegenüber gelassen: »Hey, genau wie meine Schwester. Die ist auch Bastelschlampe.« Besser kann man es nicht auf den Punkt bringen.

Der Hang, nach einer Führungsposition zu streben, ist bei vielen Männern vorprogrammiert. Ohne diese genetische Fehlfunktion wären die meisten Schulen ohne jede Leitung, denn Schulleiter ist keine sonderlich beliebte Position. Das Aufgabenfeld des Schulleiters hat sich in den letzten Jahren kontinuierlich erweitert, während die Gehaltsstufen immer gleich geblieben sind. Es gibt also abgesehen von der Berufsbezeichnung nur wenig Anreize, eine Funktionsstelle anzustreben. Noch schlimmer ergeht es den Stellvertretern (Pferden), deren Einsatz lediglich mit ein paar Brotkrumen vergolten wird.

Als Schulleiter begibt man sich in ein völlig neues Berufsfeld. Der Unterricht tritt in den Hintergrund. Das Klassenzimmer wird mit dem Büro getauscht. Fortan bestimmen Zahlen, Tabellen und Budgets den Alltag. Das ist nicht jedermanns Sache, man sollte sich diesen Schritt demnach gut überlegen. Der wirkliche Fehler aber liegt im System. Es gibt keinerlei Ausbildung für Schulleiter. Künftige Schulleiter sollen ihr Wissen ausschließlich auf Fortbildungen erwerben. Lehrerfortbildungen sind schön und gut. Das Angebot ist vielschichtig. Von Yoga bis Töpfern in der Toskana lässt sich hier vielerlei erlernen, wie man Schulleiter wird aber nicht. Auf meiner mehrtägigen Fortbildung zum Konrektor (Pferd) habe ich so ziemlich alles gemacht, was nichts mit meinem Beruf zu tun hatte. Ich bin über Seidentücher gelaufen, habe mich in Rollenspielen versucht, Pantomimen kreiert und meine alte Rolle (nicht Pferd) reflektiert, geholfen hat es leider nichts. Der Wechsel in die Schulleitung ist nach wie vor ein Sprung ins kalte Wasser.

Wie in allen anderen Berufsgruppen gibt es gute und schlechte Chefs. Schlechten Schulleitern mag man verzeihen, wenn man weiß, woher sie kommen und wie wenig Hilfe und Unterstützung sie erfahren. Oft gesellen sich zu fachlichen Mängeln aber auch Schwächen in der Personalführung, was umso verwunderlicher ist, wenn man bedenkt, dass es sich bei Schulleitern meist um gestandene Pädagogen handelt. Hier wird wieder einmal deutlich, wie wenig die Berufsbilder des Lehrers und des Schulleiters zusammenpassen. Solange es keine separate Ausbildung für Schulleiter gibt, wird sich nur wenig an dieser Situation ändern. Im Augenblick sind die meisten Schulämter froh, überhaupt jemanden zu finden, der sich erbarmt, den Job zu erledigen. Dementsprechend *hart* sind die Qualitätskontrollen.

Wie auch immer der Schulleiter an eurer Schule tickt, ihr müsst mit ihm klarkommen. Und er mit euch. Im Prinzip eine Pattsituation. Im Gegensatz zur freien Wirtschaft haben Schulleiter nur wenig Handhabe, was das eigene Personal betrifft. Lehrer lassen sich nicht einfach kündigen oder versetzen. Trotzdem ist es wenig ratsam, ständig auf Konfrontationskurs zu gehen. An den meisten Schulen ist das Verhältnis zwischen Schulleitung und Kollegium vollkommen störungsfrei. Sollte euch das Schicksal jedoch an eine Schule verschlagen, an der ein schärferer Wind weht und die Sprechblasen aller Mitarbeiter bereits grün unterlegt sind, macht euch auf einiges gefasst. Streitigkeiten an Schulen können bisweilen biblische Ausmaße annehmen.

Die Schulsekretärin

Die Schulsekretärin ist die heimliche Chefin der Schule. Sie weiß alles, kennt jeden und lässt sich durch nichts erschüttern. Wer es sich mit der Schulsekretärin verscherzt, hat in seinem Leben keine Freude mehr. Nehmt diesen Ratschlag ernst, ihr werdet es mir noch danken.

Von der Sekretärin anberaumte Termine sind unbedingt einzuhalten. Wer nur auf die Idee kommt, eine Unterschrift, eine Akte oder sonst irgendein Papier länger als unbedingt notwendig einzubehalten, spielt mit seiner beruflichen Zukunft. Schulsekretärinnen sind überaus korrekt und dulden keinen Verzug. Sollte euch trotzdem einmal ein Termin durch die Lappen gehen, gilt es diese Scharte unverzüglich mit Blumen und Konfekt wieder auszuwetzen. Die meisten Exemplare lassen sich durch kleinere Gaben wieder besänftigen.

Die Mutter aller Schulsekretärinnen verkörperte Veronica Ferres in der Vorabendserie »Unser Lehrer Doktor Specht«. Die Rolle der Anita

Kufalt gilt seit den neunziger Jahren als Idealbild aller Schulsekretärinnen. Leider fühlte sich Frau Ferres nach diesem unbändigen Erfolg dazu berufen, der Schauspielerei treu zu bleiben und ins Charakterfach zu wechseln. Als Schulsekretärin hätte sie es weit bringen können.

Gute Schulsekretärinnen sind eine vom Aussterben bedrohte Art. Der Platz im Vorzimmer ist nur halbtags besetzt und dementsprechend gering ist die Bezahlung. Häufig sehen Schulsekretärinnen Lehrerinnen mit voller Stelle nach ihnen kommen und vor ihnen gehen. Das ist nur schwer auszuhalten, wenn man weiß, dass eine Lehrerin ungefähr das Doppelte verdient. Noch schwieriger wird es, wenn die geschätzten Kolleginnen zu allem Überfluss fortwährend über Stress klagen, bevor sie in ihre Cabrios steigen und anschließend ins Freibad oder zum Yoga entschwinden.

Wer ein gutes Verhältnis zu seiner Sekretärin hat, ist auch in puncto Klatsch und Tratsch stets auf dem neusten Stand. Das ist wichtig, denn die Schule ist ein sozialer Ort und Information ist die allgemeingültige Währung, mit der hier alles bezahlt wird. Im Sekretariat sammeln sich Informationen jedweder Art. Ob es sich um wichtige Neuigkeiten aus dem Kollegium, der Eltern- oder Schülerschaft handelt ist dabei vollkommen egal. Wichtig sind sie alle, so wichtig wie die Person, die sie verbreitet. Lasst es sie wissen und huldigt eurer Sekretärin.

Der Hausmeister

Der Hausmeister ist der heimliche Chef der Schule. Er weiß alles, kennt jeden und lässt sich durch nichts erschüttern. Das kommt euch bekannt vor? Dann überspringen wir die nächste Passage.

Der natürliche Feind des Schulhausmeisters ist die Lehrerin. Sie weiß alles besser, spricht hochdeutsch, trinkt kein Bier und verweigert jedwede körperliche Anstrengung. Hier treffen Welten aufeinander. Trinkhalle versus Häkelkurs, könnte man es überspitzt formulieren. Der Ausgang dieses ungleichen Duells ist jederzeit offen.

Als Grundschullehrer ist der Hausmeister – abgesehen vom Schulleiter – oft der einzige Geschlechtsgenosse. Hieraus ergibt sich eine ungeahnte Solidarität. Häufig wird der Hausmeister euch Kollegen abfangen und in sein unzureichend gelüftetes Kabuff drängen, um dort über die wirklich wichtigen Dinge des Lebens zu monologisieren: Fußball, Bier und die Bekloppten, womit wahlweise die Kolleginnen, die Schulleitung samt Sekretärin oder die Kinder gemeint sein können. In den meisten Fällen lässt sich das aber im Laufe der Zeit erahnen. Falls nicht, ist das auch nicht weiter schlimm, denn im Allgemeinen wird von euch nicht mehr als ein zustimmendes Kopfnicken erwartet.

Als Grundschullehrer bildet ihr die Schnittstelle zwischen Kollegium und Hausmeister. Ihr seid das Sprachrohr, übersetzt die Wünsche der Kolleginnen in eine dem Hausmeister verständliche Sprache und übermittelt dessen Vorstellungen und Flüche in eine für Grundschullehrerinnen akzeptable Form. Als neuer Ban Ki-Moon der Schule genießt ihr viele Vorteile. Der Hausmeister wird euch jeden Wunsch von den Augen ablesen und was immer ihr verlangt, anstandslos umsetzen. Gleichzeitig sind euch die lieben Kolleginnen immer einen Gefallen schuldig, was insbesondere das lästige Schlangestehen im Kopierraum deutlich vereinfachen kann.

Ein guter Schulhausmeister kann alles: Heizungen reparieren, Schränke bauen, Geländer schweißen, Kehrmaschinen bedienen, Fundamente gießen, Laub saugen. Die Liste ließe sich unendlich fortsetzen. Die Kunst liegt allein darin, ihn dazu zu bringen. Oft scheitert es aber an der richtigen Ansprache. Die meisten Schulhausmeister sind verschroben, aber grundehrliche und gutmütige Menschen. Wenn man ihnen mit Respekt begegnet, wird man ebensolchen ernten. Und es schadet nie, auch einmal ein Bier mit ihnen zu trinken. Mit wem wollt ihr sonst über die Bundesliga sprechen?

Q wie Qualitätssicherung

Qualität wird oft in die Ecke gedrängt. Wahrscheinlich ist das Institut für Qualitätsentwicklung des Landes Hessen (kurz IQ) deshalb in einem Wiesbadener Eckhaus untergebracht. Doch Schluss mit den Wortspielen. Qualitätsentwicklung ist eine ernsthafte Angelegenheit, denn es wird viel Geld dafür ausgegeben, nur um herauszufinden, ob die jeweiligen Schulen tatsächlich ihre Arbeit tun.

Das maßgebliche Instrument ist dabei die sogenannte Schulinspektion, die seit dem Schuljahr 2006/2007 in allen hessischen Schulen durchgeführt wird. Schon im Vorfeld der alle vier bis fünf Jahre stattfindenden Kontrolle wird es in den Kollegien unruhig. Die Schulleitung igelt sich in ihren Büros ein und verbringt Tage und Nächte damit, längst vergessene Konzepte aus den Archiven zu bergen, aufzuarbeiten und mehr oder minder geschickt umzudatieren. Zahlreiche Schriftsätze müssen gänzlich neu erstellt werden, weil sie entweder nie geschrieben oder nicht gespeichert wurden und man den überbezahlten Inspekteuren keine auf Altpapier kopierten Pamphlete in Comic Sans MS vorlegen möchte.

Auch im Lehrerzimmer beginnt es leise zu brodeln. Lehrer kontrollieren Schüler, das ist die gewohnte Rollenverteilung. Selbst kontrolliert zu werden ist für die meisten Lehrkräfte eine vollkommen neue Erfahrung. Keine gute Erfahrung, so viel ist sicher. Schon eher ein Affront, eine Anmaßung oder Unverschämtheit, auf die es mit Missachtung, Unverständnis und laut vernehmlichen Groll zu reagieren gilt. Am Ende werden die Inspekteure aber dennoch höflich empfangen, denn Hunde, die bellen, beißen nicht. Einige lassen sich sogar streicheln.

Während einer Schulinspektion haben die Mitarbeiter des IQ nur fünfzehn Minuten Zeit, den Unterricht einer Klasse zu beurteilen. Dementsprechend aussagekräftig sind die Ergebnisse. Natürlich beteuern die Inspekteure hartnäckig, in dieser kurzen Zeit alle relevanten Bestandteile des Unterrichts begutachten zu können. Ob das immer stimmt, bleibt dahingestellt. Während meiner ersten Schulinspektion beobachteten die zwei Damen des Instituts für Qualitätsentwicklung meine Klasse lediglich dabei, wie sie ihre Tische mit Zeitungen abdeckten und ihre Plätze für den nachfolgenden Kunstunterricht herrichteten. Gott sei Dank haben die Kinder aber dabei alles richtig gemacht, denn es gab im Anschluss keinerlei Beanstandungen zu vermelden.

Am Ende jeder Schulinspektion steht nach guter alter Beamtentradition ein Bericht, in dem die Stärken und Schwächen einer Schule gnadenlos benannt werden, auch wenn diese in vielen Fällen nur auf Missverständnissen und falschen Angaben fußen. Irgendwas gibt es eben immer zu verbessern, und sei es eben der Bericht, aber das sollte man erst dann sagen, wenn die Damen des IQ ihre temporäre Wirkungsstätte wieder verlassen haben.

Ein Schulinspektor verdient drei Gehaltsstufen mehr als eine Grundschullehrerin. Das ist eine Menge Geld, wenn man an die Masse der Inspekteure denkt, die man benötigt, um alle Schulen eines gesamten Bundeslandes alle vier Jahre zu inspizieren. Mit Sicherheit ist es richtig, einmal von außen einen Blick auf die Arbeit an den Schulen zu werfen. Ob die Schulinspektion das geeignete Mittel dazu ist, wird sich zeigen.

R wie Rituale

Schulische Rituale können gleichermaßen gut wie schlecht sein. Von daher lohnt es sich, einen genaueren Blick auf sie zu werfen.

In den meisten Fällen beschreibt das Wort Ritual in schulischen Zusammenhängen das Vorgehen nach einer festgelegten Ordnung. Oft wird dabei auch von ritualisierten Handlungsabläufen gesprochen. Welche Merkmalsbeschreibung ein Ritual ausmacht, wird sehr unterschiedlich definiert. Es gibt jedoch keine richtige oder falsche Definition des Rituals, sondern lediglich eine, die mehr oder weniger geeignet ist, die Welt, in der wir leben, zu verstehen. Wichtige Aspekte eines schulischen Rituals sind die Wiederholung, gleichbleibende Abläufe, das Stattfinden in einer Gruppe sowie eine allen verständliche Symbolik. Rituale werden in Grundschulen häufig als Strukturierungshilfen benutzt. So beginnt die Woche in vielen Schulen mit einem Morgenkreis. Hier erhalten die Kinder Gelegenheit, vom Wochenende zu berichten, wichtige Neuigkeiten mitzuteilen oder mitgebrachte Dinge zu zeigen. Hin und wieder gewinnt man in solchen Situationen auch wertvolle Erkenntnisse über sich selbst.

Es ist Montagmorgen. Ich sitze mit meiner zweiten Klasse im Kreis und die Kinder erzählen vom vergangenen Wochenende. Die achtjährige Vanessa berichtet begeistert von der samstäglichen Shoppingtour mit ihrer älteren Schwester:

»Und dann haben wir Schuhe gekauft und T-Shirts. Ich weiß, was diesen Sommer modern ist!« Daraufhin legt sie eine Pause ein.

Ich hake vorsichtig nach. »Was denn?«

»Paletten!«, antwortet sie stolz.

»Du meinst Pailletten«, verbessere ich belustigt.

Vanessa ignoriert diesen Einwand und schwenkt direkt in den Angriffsmodus: »Herr Beer, du wirst nie in sein! Ich weiß, was jetzt in ist. So rumzulaufen wie ich! Du bist nicht modern.« Die Kinder lachen zustimmend. Doch so schnell gebe ich nicht auf.

»Was bin ich denn?«, frage ich mit einem prüfenden Blick über mein

Outfit. Zu einem schwarzen T-Shirt trage ich eine frisch gewaschene Jeans und ein zugegebenermaßen nicht mehr ganz so taufrisch aussehendes Paar Chucks. Doch auch auf diese Nachfrage hat die kleine Vanessa sofort eine Antwort:

»Herr Beer, ich weiß, was du bist. Du bist halb Punk und halb Sonntagsmann!«

Sollte ich je eine Kontaktanzeige aufgeben, die Beschreibung habe ich schon mal.

Neben der Zeit lässt sich auch der Raum mit Hilfe schulischer Rituale strukturieren. So gibt es in vielen Klassenzimmern spezielle Leseecken, Mathematiktische oder Computerplätze, die den Kindern zu vorher festgelegten Zeiten zur Verfügung stehen.

Über diese Strukturierungshilfen hinaus können Rituale aber ebenso gemeinschaftsbildend und integrierend sein. Gute Beispiele dafür sind das gemeinsame Feiern von Geburtstagen sowie das Schreiben von Briefen an längerfristig erkrankte Kinder.

Das wohl bekannteste Ritual aus dem Grundschulbereich ist der sogenannte Flüsterfuchs. Dabei wird eine Hand gehoben, der kleine Finger und der Zeigefinger abgespreizt, während sich Ring- und Mittelfinger mit dem Daumen verbinden und nach vorn zeigen. In ähnlicher Form ist diese Handhaltung nur auf Heavy Metal-Konzerten zu sehen. Der Flüsterfuchs gehört zu den Ruhezeichen. Die Fingerhaltung soll einen Fuchskopf symbolisieren und ist untrennbar mit dem Spruch »Mund zu – Ohren auf!« verbunden. Warum und wie man allerdings mit geschlossenem Mund noch flüstern soll, konnte mir bislang aber niemand hinreichend erklären. Von daher vermeide ich solche Kindereien, wobei ich nicht sagen will, dass sämtliche Ruhezeichen aus dem Grundschulbereich verbannt gehören. Wer je eine Schulaula mit dreihundert Kindern betreten hat, weiß, wovon ich spreche. Hier kann es durchaus sinnvoll sein, mal eine Hand zu heben, auch wenn das gemeinsame Heben des rechten Armes im rein historischen Kontext durchaus seine Tücken hat.

Rituale sind wichtig und helfen den Kindern dabei, Zeit und Raum besser zu strukturieren. Ein Ritual ist trotzdem nicht per se etwas Gutes, daher sollte man sich gut überlegen, welche Rituale dem Unterrichtsbetrieb wirklich förderlich sind. Schulische Rituale sollten immer wieder hinterfragt werden und nicht zum reinen Selbstzweck verkommen. Sie müssen gleichermaßen transparent sein. Wer es schafft, den Flüsterfuchs auf einem Elternabend so zu erklären, dass er (oder besser sie) sich nicht gleichzeitig in Grund und Boden schämt, sollte ihn auch ohne den Anflug eines schlechten Gewissens benutzen dürfen. Mir ist das bislang noch nicht gelungen.

S wie Sexualkunde

»Uuuhhhh ...« und »Aahhh ...« sind die spontanen Reaktionen der Eltern, wenn man das Thema Sexualerziehung auf einem Elternabend zum ersten Mal anspricht. Die Kinder verfallen sofort in aufgeregtes Gekicher. Keine Unterrichtseinheit ruft bei Kindern wie Eltern stärkere Emotionen hervor als dieses. Die Sexualerziehung ist nach wie vor und allen Aufklärungswellen zum Trotz ein heikles Thema. »Was, das lernen die bereits in der Grundschule?«, werde ich häufig von Freunden gefragt, wenn ich aus meinem Berufsalltag erzähle. Und ja, tatsächlich, die Sexualerziehung ist ein wichtiger Bestandteil des Sachunterrichtes und sollte unbedingt im dritten oder vierten Schuljahr durchgenommen werden.

Aber nicht nur Eltern und Kinder haben Vorbehalte, wenn es um den Sexualkundeunterricht geht, auch viele Lehrerinnen scheuen das Thema. Anfänglich ging es mir genauso, doch hat sich meine Einstellung diesbezüglich im Laufe der Jahre komplett gewandelt. Der Sexualkundeunterricht ist die spannendste Unterrichtseinheit, die man mit einer Grundschulklasse durchnehmen kann. Kein anderes Thema erregt mehr Interesse. Nie wieder ist einem die Aufmerksamkeit der gesamten Klasse so gewiss. Doch woran liegt das?

Die Kinder wissen einfach zu wenig. Auch wenn viele Familien heute sehr offen mit den allgemeinen Fragen des Lebens umgehen, ist die Sexualerziehung noch immer ein rotes Tuch. Stattdessen existieren die wildesten Vorstellungen und Gerüchte. Jede Menge Halbwissen, verbotene Ausdrücke und heimlich aufgeschnappte Bilder machen die Runde. Und genau darin liegt die Gefahr dieser Unterrichtseinheit. Ohne genaue Planung wird man unweigerlich scheitern. Doch ganz langsam und der Reihe nach.

Am Anfang sollte und muss den rechtlichen Vorschriften nach immer ein Elternabend stehen. Auf diesem Elternabend sollte man den geplanten Unterricht transparent darstellen, auf wichtige Fragen eingehen und das verwendete Unterrichtsmaterial präsentieren können. Ich schreibe am Ende dieser Unterrichtseinheit nie eine Arbeit, das mag paradox klingen, aber dafür ist mir das Thema einfach zu wichtig. Viel bedeutsamer als eine abschließende Frage- und Antworttestung erscheinen mir der Wissenszuwachs jedes einzelnen Kindes, das Interesse und die Mitarbeit während der gesamten Unterrichtseinheit. Angekündigte Klassenarbeiten verleiten die Kinder und insbesondere deren Eltern hingegen schnell zum Auswendiglernen, was die konstruktive Auseinandersetzung mit einer Thematik sogar verhindern kann.

Der eigentliche Unterricht beginnt dann mit einer Reise in die Vergangenheit. Wo komme ich eigentlich her?, lautet die erste Fragestellung. Dazu haben die Kinder einiges zu sagen. Wie weit reichen die Erinnerungen zurück? All das sind spannende Fragen, deren Antworten einen oft überraschen können. Die Kinder sind im dritten Schuljahr durchschnittlich acht Jahre alt und können sich mitunter noch erstaunlich weit zurückerinnern. Nur die Babyzeit bleibt im Verborgenen. Zum Wiedereintauchen in diese Zeit lasse ich die Kinder Dinge aus ihrer frühsten Kindheit in die Schule mitbringen. Oft entstehen an dieser Stelle faszinierende Ausstellungen. Fotoalben, die ersten Strampler, Babysöckchen und Geburtsarmbänder werden wie Schätze herumgereicht und von der gesamten Klasse gewürdigt. Die Kinder versinken in Staunen, wenn sie feststellen, wie sehr sie sich in den letzten Jahren entwickelt haben. Mit etwas Glück hat ein Kind der Klasse noch ein Geschwisterkind im Babyalter und kann hautnah vom Familienleben mit einem Kleinkind erzählen. Selbst die härtesten Jungs sind beim Anblick ihrer eigenen Babysachen gerührt und emotional beteiligt. Ein paar muntere Sprüche können den Unterricht nur auflockern.

Mit Hilfe dieser Reise in die eigene Vergangenheit stellt man geschickt den persönlichen Bezug zur eigentlichen Thematik her: Wie entsteht ein Kind? Erst jetzt sind die Kinder bereit, sich frei von albernen Kichereien mit dieser Fragestellung auseinanderzusetzen. Besonders aufschlussreich kann es sein, sich diese Frage von den Kindern ohne weitere Erklärungen schriftlich beantworten zu lassen. Spätestens hier wird noch einmal deutlich, mit welch unterschiedlichem Vorwissen die Klasse in den Sexualkundeunterricht einsteigt.

Für den weiteren Verlauf gibt es jede Menge gutes Unterrichtsmaterial, auf das man zurückgreifen kann. Wie viel die Kinder von einem gelungenen Sexualkundeunterricht mitnehmen können, zeigt der Text der achtjährigen Larissa, den sie zum Abschluss der Unterrichtseinheit verfasste:

Wie entsteht ein Kind?

Zuerst muss man den perfekten Mann finden. Und dann muss man sich ganz nackt ausziehen und zusammen ins Bett gehen. Dabei wird der Penis ganz steif und die Scheide von der Frau wird weich. Dann fasst der Mann die Brüste von der Frau an und die Frau fasst den Penis von dem Mann an. Dann kuscheln sie und knutschen sich. Und das bedeutet Sex. Erwachsene mögen das sehr, also machen sie das öfter. Und dabei kommen die Samenzellen in die Scheide und veranstalten ein Wettrennen zur Eizelle. Der Gewinner wird ein Kind. Aber das funktioniert nicht immer.

Am Ende der Unterrichtseinheit kann es von Vorteil sein, sich auch von außerschulischen Institutionen unterstützen zu lassen. Vereine wie Pro Familia bieten Schulen gern ihre Hilfe an. Nicht alle Kinder wollen ihre intimsten Fragen einer Lehrerin stellen. Dafür sollte man Verständnis haben. Häufig vertrauen Jungs und Mädchen nur einer gleichgeschlechtlichen Lehrkraft. Hier wird erneut deutlich, wie wichtig es wäre, mehr Männer an die Grundschulen zu bekommen.

T wie Türkisch für Anfänger

In der Grundschule mischen sich Kinder aller Nationalitäten. Insbesondere in Großstädten sind die Klassen recht international zusammengesetzt. Viele Kinder sind zwar in Deutschland geboren, doch ist ihr kultureller Hintergrund sehr verschieden. Zählt man die Herkunftsländer der Eltern auf, wird einem die wahre Vielfalt erst bewusst. Diese Fülle an unterschiedlichen Erfahrungen und Vorstellungen schlägt sich auch im Unterricht nieder und führt immer wieder zu wahrhaft glanzvollen Momenten, wie die nachfolgenden Beispiele aus unterschiedlichen Kulturkreisen eindrucksvoll belegen.

Italien

Wir nehmen den Zauberlehrling durch. Im Rahmen der Unterrichtseinheit kommt auch das Leben Goethes zur Sprache. Der neunjährige Antonio glüht vor Stolz, als schließlich von der Liebe des Dichters zu Italien die Rede ist.

Herr Beer: »Warum hat es Goethe so gut in Italien gefallen? Warum ist er also nach Italien gereist?«

Antonio: »Na, wegen dem Essen und der Frauen!«

Mario, 8 Jahre, selbstbewusst zu einer in seinen Augen gutaussehenden Praktikantin: »Ich bin ein Mann, der im Haushalt hilft!«

Eine grandiose Lüge, aber der Versuch zählt.

Türkei

Wer je einen türkischen Basar besucht hat, weiß, worauf insbesondere junge Männer bei der Auswahl ihrer Kleidung achten: die Marke. Das Markenbewusstsein geht bisweilen so weit, dass den Kindern die

Embleme bekannter Sportartikelhersteller in die Haare rasiert werden. Mein Kind ist von Nike, soll die zweifelhafte Aussage wohl lauten. Auch in Sachen Literatur haben türkische Kinder ganz eigene Vorstellungen:

Ahmed, 7 Jahre: »Ah, Pippi Langstrumpf. Den kenn ich! Der hat zwei verschiedene Socken: ein Nike, ein Puma!«

Verwirrend ist für viele Kinder mit Deutsch als Zweitsprache auch der allgemein herrschende Sprachmischmasch, wie die plötzliche Erkenntnis des sechsjährigen Murats belegt:

»Herr Beer, Döner heißt auf Türkisch auch Döner! Fast gleich.«

Noch verwirrender sind Feste, die man in anderen Kulturkreisen nur aus dem Fernsehen kennt. Ein gutes Beispiel ist die Weihnachtsgeschichte des siebenjährigen Umut:

Weihnachten im Dönerladen

Der Dönermann backt einen Weihnachtsdöner für Umut. Auf dem Döner ist drauf: Salat, Fleisch und Soße. So will Umut das haben. Keine Tomaten!

Wer denkt bei solchen Geschichten noch an den Duft von frischen Vanillekipferln.

Deutschland

Auch deutsche Kindern werden den Vorurteilen ihrer Herkunft nur allzu gern gerecht. Insbesondere dann, wenn es um die Einnahme alkoholischer Getränke geht. Ganz der Papa, könnte man sagen.

Marcel, 7 Jahre, nachdem er in geschlagenen vier Stunden ungefähr ein Zehntel der ihm zugedachten Aufgaben erledigt hat, schlägt sein Buch zu und stöhnt:

»So, jetzt hab ich erst mal Lust auf'n Bier!«

Nahezu poetisch auch der nachfolgende Anfang eines fiktiven Briefes an Susanna, verfasst von dem achtjährigen Roman:

Hallo Susanna,
alles fit im Schritt ...

Da ist man doch gespannt auf die Antwort.

Natürlich haben deutsche Kinder auch Ressentiments gegenüber anderen Nationen. Als Beispiel möge die Antwort der achtjährigen Laura in einem Sachkundetest über das Thema »Die Schnecke« dienen.

Frage: *Nenne fünf Feinde der Schnecke.*
Antwort: *Igel, Maulwurf, Mäuse, Singvögel und Franzosen*
Dem ist nichts hinzuzufügen.

Zum versöhnlichen Schluss noch die gleichermaßen pragmatisch wie rührende Weihnachtsgeschichte des neunjährigen Andreas:

Weihnachten

In Deutschland gibt es ab dem ersten Dezember einen Adventskalender. Jeden Sonntag im Dezember wird eine Kerze angezündet. Im Adventskalender sind immer 2 Match Attax-Karten drin. Nur am 6. und 24. Dezember sind 3 Match Attax-Karten drin. In der Weihnachtszeit kommt der Nikolaus. Der Nikolaus war ein heiliger Bischof. Den Weihnachtsabend nennt man nicht Weihnachtsabend, sondern Heiligabend. Ich glaube jeder hat einen Christbaum in Deutschland. An Heiligabend gibt es bei uns Fondue. An Weihnachten weiß glaub ich jeder Deutsche, dass es Geschenke gibt. Vor Heiligabend schreiben die Kinder Wunschzettel. Wenn sie weg sind, hat sie ein Engel geholt.

Und in den Spielzeugläden schlagen sich die Engel dann die Köpfe ein.

England

In ganz seltenen Fällen bekommt man es mit Kindern aus so exotischen Ländern wie England zu tun. Insbesondere die Mädchen sind hart im Nehmen:

Cathy, 8 Jahre:

Es ist Herbst. Der Wind peitscht die feuchten Blätter über den Schulhof. Zu allem Unglück beginnt es kurz vor Anbruch der ersten Pause zu regnen. Alle Kinder ziehen ihre Jacken an. Nur Cathy macht keinerlei Anstalten, sich in irgendeiner Form umzuziehen. Sie trägt Sandalen und ein luftiges Sommerkleid.

Herr Beer: »Cathy, zieh dir bitte eine Jacke an! Es ist kalt.«

Cathy: »Ich habe keine Jacke dabei.«

Herr Beer: (genervt) »Bist du etwa so in die Schule gekommen?«

Cathy: »Ich bin Engländerin! Wir sind tough, deswegen haben wir ja auch den Krieg gewonnen!«

Gut, dann wäre das auch geklärt.

Polen

Wie tief der Glaube in der polnischen Seele verankert ist, beweist die Feststellung des siebenjährigen Lukasz. Die Klasse 2a hat Sport. Alle Schüler sitzen in der Turnhalle im Kreis. Ein Sonnenstrahl dringt durch das Fenster und blendet die Kinder. Lukasz hält sich abwehrend die Hand vors Gesicht und verzieht das Gesicht. Es folgt ein Satz, der schließlich auch mir die Tränen in die Augen treibt:

»Ich sehe weißes Licht, sind wir jetzt tot?«

Sieben Jahre alt und sich schon der eigenen Endlichkeit bewusst. Nietzsche und Schopenhauer wären vor Neid erblasst.

Natürlich gibt es noch viele andere lustige Länder, wie man nachfolgender Liste entnehmen kann:

C: China
D: Deutschland
E: England
F: Frankreich
G: Grichenland
H: Holland
I: Irrenland
J: Japan
K: Kroazien
L: Lübien

U wie Unterricht

Unterricht ist das Kerngeschäft einer jeden Grundschullehrerin. Im Unterricht werden Fertigkeiten und Wissen vermittelt, doch greift diese Definition noch zu kurz, da sie die beteiligten Personen und Interaktionen ausklammert. Unterricht ist laut Wikipedia ein Interaktionsgeschehen, bei dem Individuen unter pädagogischer Begleitung in planmäßig initiierten Lernprozessen zum Ziele ihrer Qualifikation, Personalisation und Sozialisation ausgewählte Inhalte von Kultur aufnehmen und weiterentwickeln. Ein langer Satz, den man sich von Zeit zu Zeit aber ins Bewusstsein rufen sollte, denn insbesondere in der Grundschule ist die Wissensvermittlung nur ein kleiner Teilaspekt der täglichen Unterrichtszeit. Erzieherische Aufgaben wie die Persönlichkeitsentwicklung eines jeden Kindes und das Zusammenarbeiten innerhalb einer Gruppe spielen eine nicht minder wichtige Rolle.

Kriterien für guten Unterricht gibt es viele. Nicht immer wird es möglich sein, diese ausnahmslos zu erfüllen, wie bereits ein flüchtiger Blick auf die wichtigsten Ingredienzen guten Unterrichts verdeutlicht:

Zuerst benötigt man die richtigen Grundvoraussetzungen, dazu gehören ein praktikabel eingerichteter Klassenraum sowie ein lernförderliches Klima, das jedem Kind ermöglicht, sich mit seinen Beiträgen und Ideen angstfrei in die Lerngruppe einbringen zu können. Erst wenn diese Grundbedingungen erfüllt sind, kann Unterricht überhaupt gelingen.

Jede Unterrichtsstunde muss genau strukturiert, inhaltlich klar und mit einem hohen Anteil an echter Lernzeit geplant werden. Die Kinder stehen dabei immer im Vordergrund. Der Redeanteil der Lehrperson sollte sich von daher stets auf ein Minimum beschränken. In jeder Minute, die eine Lehrkraft zu Gunsten langatmiger Erklärungen verstreichen lässt, sind die Kinder zur Untätigkeit verdammt. Eigentliches Lernen passiert aber nur dann, wenn sich die Schüler aktiv mit dem Unterrichtsgegenstand auseinandersetzen können. Es ist ein typischer Anfängerfehler, seine Lerngruppe im Vorhinein mit Erklärungen zu überschütten, die ohnehin niemand interessieren. Kein Kind wird sich für den Unterricht begeistern, wenn es keine Beziehung zu dem eigentlichen Lerngegenstand herstellen kann. Bevor man in eine neue Thematik einsteigt, muss also Vorwissen aktiviert und Interesse geweckt werden.

Ist dies erreicht, sollte die Lehrkraft den weiteren Unterrichtsverlauf transparent gestalten, damit jedes Kind weiß, welche Ziele der Unterricht verfolgt und was dabei von ihm erwartet wird. Besonders gelungen ist eine Unterrichtseinheit dann, wenn die Kinder den Raum und die Zeit erhalten, sich in die weitere Planung noch mit eigenen Ideen und Fragestellungen einzubringen. Dabei ist stets zu berücksichtigen, dass nicht alle Kinder auf dem gleichen Niveau arbeiten können. Nicht jedes Kind muss die gleiche Aufgabe lösen. Dieser wie in Stein gemeißelte Grundsatz stellt ein hohes Anspruchsniveau an die gestellten Aufgaben, denn diese sollten nicht nur herausfordernd, sondern auch von jedem Schüler individuell lösbar sein.

Am Ende einer jeden Lerneinheit steht schließlich die Reflexion. An dieser Stelle erhalten die Kinder die Möglichkeit, sich über ihren Wissenszuwachs auszutauschen, wichtige Erkenntnisse zu festigen und offene Fragen zu stellen, deren Beantwortung Grundlage für den weiteren Unterrichtsverlauf sein kann.

Das ist eine Menge Holz und nicht ausnahmslos einzuhalten. Gerade Berufsanfängern ist zu raten, sich zu Beginn ihrer Unterrichtszeit erst einmal auf wenige dieser Punkte zu beschränken.

Zeitgemäßer Unterricht sollte zudem immer kompetenzorientiert sein. Kompetenz meint die Schnittstelle zwischen Wissen und Können und ist als Befähigung zur Bewältigung unterschiedlicher Situationen zu sehen. Die Kompetenzorientierung steht für den Anspruch, dass die Ergebnisse schulischen Lernens handlungsrelevant und praktisch anwendbar sind. Die Aufmerksamkeit gilt dem anzustrebenden Können der Schüler und nicht den im Unterricht zu behandelnden Inhalten. Als kleines Beispiel mag die richtige Interpretation eines Schaubildes dienen: Die Kinder sollen also beispielsweise Säulendiagramme zeichnen, interpretieren und ablesen können. Unwichtig ist das Auswendiglernen der Einwohnerzahlen der Bundesländer anhand eines Säulendiagramms. Im Zentrum des kompetenzorientierten Unterrichts liegt die Transferleistung. Natürlich kommt der kompetenzorientierte Unterricht nicht ohne Inhalte aus. Diese werden aber immer nach den zu erwerbenden Kompetenzen ausgewählt.

Immer wieder ist im Zusammenhang mit Unterricht auch vom sogenannten offenen Unterricht zu hören. Viele Lehrerinnen propagieren ihren Unterricht als offenen Unterricht und meinen damit nur, dass sie weitestgehend auf Frontalunterricht verzichten. In letzter Konsequenz bedeutet offener Unterricht aber, dass es jedem Schüler vorbehalten bleibt, frei zu wählen, wo und wann er in welcher Sozialform an selbstgewählten Inhalten und auf methodisch individuellem Weg diese Inhalte bearbeitet. Diese Definition nach Falko Peschel (2003) wird aber nur in den seltensten Fällen wirklich umgesetzt. Es ist also durchaus zu hinterfragen, was konkret mit offenem Unterricht gemeint ist, wenn eine Lehrerin davon spricht. Bohrt man etwas tiefer nach, beschränkt sich der offene Unterricht in den meisten Fällen auf die Arbeit mit sogenannten Wochenplänen. Hierbei bestimmen die Kinder aber lediglich über ein vorher festgelegtes Zeitkontingent zur Bewältigung der von der Lehrerin ausgewählten Aufgaben.

Die Pflichtstundenzahl für eine Grundschullehrerin beträgt in Hessen 28,5 Stunden pro Woche. Ein Gymnasiallehrer mit voller Stelle darf sich hingegen mit 26 Unterrichtsstunden bescheiden, Berufsschullehrer unterrichten sogar nur 25 Stunden. Dem Unterricht in einer Grundschule wird nach wie vor weniger Bedeutung zugemessen als in einem Gymnasium. Man geht davon aus, dass die Vor- und Nachbereitung des Unterrichts in einem Gymnasium mehr Zeit in Anspruch nimmt. Sicherlich wird der Korrekturaufwand in einem Gymnasium deutlich höher sein, aber gerade der Unterrichtsvorbereitung wird in Grundschulen ein großer Stellenwert zugemessen. In Deutschland gilt nach wie vor der Grundsatz: je höher der Bildungsgang, desto geringer die Arbeitszeit der Lehrkräfte. Zudem werden Lehrer an weiterführenden Schulen besser bezahlt. Wahrscheinlich ist das der Hauptgrund, warum sich so wenige Männer für die Arbeit an Grundschulen interessieren. Wer an dieser Situation ernsthaft etwas verändern möchte, muss entsprechende Anreize bieten. In einigen wenigen Bundesländern ist dieser Missstand mittlerweile behoben worden. Wenn die anderen Bundesländer in dieser Richtung nicht nachziehen, werden Männer an Grundschulen wohl weiterhin die Ausnahme bleiben.

Unterricht ist kompliziert und hat viele Gesichter. Gemeinhin bedeuten Wörter, die mit der Vorsilbe Un- beginnen, nur selten etwas Gutes. Arbeiten wir gemeinsam daran, dass es dem Unterricht anders ergeht.

V wie Viren

Wer in einer Grundschule arbeitet, darf Körperkontakt nicht scheuen. Kinder sind anhänglich, bisweilen auch aufdringlich und überaus freigiebig, wenn es darum geht, ansteckende Krankheitserreger möglichst großräumig zu verteilen.

Die Fähigkeit, teilen zu können, ist ein wichtiger Aspekt in der Kindererziehung, bei Viren und Bakterien hört der Spaß aber definitiv auf. Neben allen Vorteilen ist die ständige Kontamination mit allen Ausprägungen der Grippe einer der wenigen Nachteile unseres Berufes. Grundschullehrerinnen mit zwanzigjähriger Berufserfahrung haben ein Immunsystem wie Arnold Schwarzenegger und Vin Diesel zusammen. Nur hartnäckigste Krankheitserreger können diese natürliche Firewall noch durchdringen. Doch bis dahin ist es ein langer Weg. Und lange Wege haben auch steinige Passagen. Insbesondere in der Anfangszeit werden eurem Körper gleich mehrfach im Jahr seine Grenzen aufgezeigt. Dagegen ist der Rückstoß aus dem Weltraum nach einem halbjährigen Aufenthalt auf der ISS ein wahrer Kindergeburtstag. Doch niemand wird euch dafür bewundern, denn echte Helden sieht man nie im Fernsehen. Die Zahl der Antikörper wächst mit den Berufsjahren aber kontinuierlich an.

Kranke Kinder gehören zu eurem Berufsalltag. Viele Eltern schicken ihre Kinder unter sehr fragwürdigen Umständen zur Schule. Teilweise kann man das sogar nachvollziehen. Die morgendliche Hektik und der organisatorische Aufwand, das Kind noch auf die Schnelle irgendwo anders unterbringen zu müssen, lassen viele Eltern zu dem Schluss gelangen, dass es so schlimm schon nicht sein kann. Und so sitzen sie dann vor euch. Blasse Gesichter mit vor Fieber glänzenden Augen und niemand ist erreichbar. In solchen Fällen ist Empathie und Geduld gefragt. Manchmal ist es aber einfach zu spät. Die Worte »Mir ist schlecht« kommen leider nicht jedem Kind rechtzeitig über die Lippen. Während ich mich früher mit Küchentüchern und Einweghandschuhen dem Desaster gestellt habe, nutze ich heute ein Pulver, das die menschlichen

Hinterlassenschaften binnen weniger Sekunden in einen wohlriechenden Sand verwandelt, der dann mit Besen und Kehrschaufel problemlos entfernt werden kann. Ein prima Geschenk, das auf den Wunschzettel jeder Grundschullehrerin gehört.

W wie Wissenschaft

»Warum muss es von der Erziehung eigentlich eine Wissenschaft geben?«, fragt die FAZ 2014 zum 70. Geburtstag des Bildungshistorikers Heinz-Elmar Tenorth. Und recht hat sie, denn die überwiegende Mehrheit aller Kinder wird nach vollkommen unwissenschaftlichen Maßstäben erzogen. Familien scheren sich nicht um die neusten Erkenntnisse aus der aktuellen Forschung und so ist die Erziehung der Kinder in den wenigsten Fällen geplant, sondern passiert ganz einfach nebenbei. Dennoch müssen sich die Schulen immer wieder mit den neusten Erkenntnissen der pädagogischen Forschung herumschlagen. Bildung ist wichtig. Jedes zweite Wahlkampfplakat widmet sich mittlerweile der Reform unseres Bildungssystems, da kann man nichts dem Zufall überlassen. Im Regelfall werden die Schulen bei der Einführung neuer Ideen aber schlichtweg übergangen und so entpuppen sich diese aufdoktrinierten Maßnahmen oft als reine Zeitverschwendung und Modeerscheinungen.

Als Beispiel mögen die VERA genannten Lernstandserhebungen dienen, die im Zuge zahlreicher Maßnahmen nach dem PISA-Schock in jeder dritten Klasse geschrieben werden müssen. Vier aufwendig gestaltete Klassenarbeiten in den Fächern Mathematik und Deutsch, deren Ergebnisse in verschlüsselter Form im Internet veröffentlicht werden und der Lehrkraft dann eine dezidierte Rückmeldung über den Leistungsstand ihrer Schüler und ihrer Klasse geben sollen. Ich glaube keiner Statistik, die ich nicht selbst gefälscht habe, möchte man sagen, denn in welcher Form den Schülern bei der Bearbeitung der Tests geholfen wird und wie die Arbeiten dann anschließend ausgewertet werden, kann im Nachhinein niemand mehr feststellen. Welche Klassenlehrerin hat schon die Chuzpe zuzugeben, dass sich ihre Klasse deutlich unter dem Landesdurchschnitt befindet, während 85 Prozent ihrer Kolleginnen die Ergebnisse ihrer Klassen schönkorrigiert haben. Fakt ist, dass die Auswertung und Durchführung dieser fragwürdigen Testreihe eine Menge Zeit in Anspruch nimmt, die man auch sinnvoll nutzen könnte. Vom finanziellen Aufwand einmal ganz abgesehen.

Mein Lieblingsspruch für ein Wahlplakat im Bildungsbereich sähe so aus:

»Lasst die Schulen einfach mal arbeiten.
Wir stellen die Mittel und das Personal.«

An den Universitäten kann von mir aus gern weitergeforscht werden. Theorien sind wichtig, nur sollte man sie von der Praxis fernhalten.

X wie Xylofon

Das Xylofon steht stellvertretend für all die gut gemeinten, aber letztendlich vergeblichen Bemühungen, den Kindern der Klassen eins bis vier so etwas Ähnliches wie einen qualifizierten Musikunterricht zu bieten. Die Gründe dafür sind einfach: Es gibt einfach keine Musiklehrerinnen, von Musiklehrern mal ganz zu schweigen. Musik ist ein sogenanntes Mangelfach. Um es zu studieren, muss man erst eine nicht zu unterschätzende Aufnahmeprüfung bestehen sowie zumindest zwei Instrumente beherrschen. Echte Musiker fühlen sich aber nur in Ausnahmefällen dazu berufen, mit 25 Siebenjährigen Blockflöte zu spielen, anstatt das Konservatorium zu besuchen – und wer bitte schön spielt schon ganz nebenbei zwei Instrumente? Viele Schulen haben deshalb keine ausgebildeten Musiklehrerinnen, was dazu führt, dass sich die geschätzten Kolleginnen – aller Unzulänglichkeiten zum Trotz – plötzlich mit einem Fach konfrontiert sehen, das sie schon in ihrer eigenen Schulzeit so gut wie möglich umschifft haben.

In den meisten Fällen endet es dann so: Eine CD (natürlich von Rolf Zuckowski bzw. Rolf und seinen Freunden) wird in den CD-Player geschoben, nach einigen Bemühungen die Play-Taste gefunden und dann wird es laut. Als Singen kann man dieses allgemeine Geplärre nicht wirklich bezeichnen. Es gilt die einfache Regel: Hauptsache, jeder macht mit. Auf dieser Grundlage beruhen dann auch die Zensuren. Hat immer laut mitgesungen: Note 1, hat meistens mitgesungen, sich in dem ganzen Ton-Wirrwarr aber nicht immer durchsetzen können: Note 2, hat sich verstört die Ohren zugehalten und abgewartet, bis alles vorbei war: Note 3.

In seltenen Ausnahmefällen wagen sich vereinzelte Kolleginnen aber auch an das Xylofon, dem einzigen Wort mit X und von daher auch auf jeder Anlauttabelle zu finden. In jeder Grundschule modern mindestens zehn dieser sonst nie verwendeten Instrumente in irgendeinem lange nicht betretenen Keller herum. Bringt eine junge Lehrkraft den Mut auf, in diese Bereiche vorzustoßen, ist sie meistens auch nicht mehr davon abzuhalten, mit den Kindern kleine Musikstücke einzuüben, die sie dann auf jeder nur erdenklichen Feier vorzuführen gewillt ist. Gibt es keine Musiklehrerin an einer Schule, sollte man seiner eigenen Gesundheit zuliebe stets dafür Sorge tragen, dass die vorhandenen Instrumente nie gefunden werden können. Es gibt einen Grund, warum Xylofone von echten Musikern nicht benutzt werden!

Ebenso verhält es sich mit Rolf und seinen Freunden: Niemand hört das freiwillig. Wer schiebt sich schon zur Entspannung »Rolfs Schulweg-Hitparade« oder »Radio Lollipop« in den heimischen CD-Schlitz? Dennoch werden diese Platten in der Grundschule rauf- und runterkrakeelt.

Mittlerweile hat sich auch das Land Hessen seiner Fürsorgepflicht besonnen und bietet einjährige Fortbildungen für fachfremde Musiklehrerinnen an. Die Hilfe kommt spät, ob sie uns auch erreicht, bleibt abzuwarten.

Y wie Y-Chromosom

Das kleine Y ist alles, was uns von der Vielzahl unserer Kolleginnen unterscheidet. Eine Gruppe Chromosomen, die in der Funktion von den übrigen abweicht, sorgt für den kleinen, aber entscheidenden Unterschied. Doch worin genau bestehen die Verschiedenheiten und ist es nicht vollkommen egal, ob ein Kind von einem Lehrer oder einer Lehrerin in der Grundschule unterrichtet wird? Letztendlich verfügen voll ausgebildete Lehrer/innen alle über dieselbe Qualifikation.

Für das einzelne Kind spielt es tatsächlich keine Rolle, wer sich seiner annimmt. Schwierig wird es erst dann, wenn die Geschlechterverteilung eines ganzen Systems in Schieflage gerät. An den meisten Grundschulen ist dies aber längst der Fall. Im Bundesdurchschnitt sind nur etwa zwölf Prozent aller Grundschullehrerinnen männlichen Geschlechts. In einer normalen Grundschule treiben sich also gerade einmal zwei Männer herum. Welche Auswirkungen das hat, möchte ich anhand der beiden betroffenen Bezugsgruppen kurz erläutern:

Die Kolleginnen

Zu viele Frauen auf einem Fleck sind immer schwierig, da kann man jede Frau fragen. Zu viele Männer im Übrigen auch, das kann man Samstag für Samstag in jedem x-beliebigen Fußballstadion beobachten. Kurz gesagt, zu viele Personen der gleichen Geschlechtergruppe neigen dazu, schnell in die für sie als typisch angenommenen Verhaltensmuster zu verfallen. Was Männer gemeinsam rund um das Thema Fußball veranstalten, ist bereits hinreichend bekannt, während das Verhalten weiblicher Grundschullehrerinnen untereinander bislang nur lückenhaft dokumentiert wurde.

- Grundschullehrerinnen führen endlose Diskussionen. Über Jahre geht es dabei um dieselben Themen, ohne dass es je zu einem Ende kommt. Oft reden sie gleichzeitig, wobei immer unklar bleibt, wer gerade spricht oder zuhört oder beides oder nichts von alledem. Es ist ein Mysterium.

- Grundschullehrerinnen haben nie Pause. Fortwährend geht es um Schule. Auch wenn sie sich privat treffen, reden sie ausnahmslos über schulische Themen. Sollte eine von ihnen versehentlich einmal ein anderes Thema ansprechen, wird sie innerhalb weniger Minuten von ihrer Bezugsgruppe mit ebenso sanftmütiger wie bestimmter Nachdrücklichkeit wieder eingefangen und auf den richtigen Pfad zurückgeführt.
- Grundschullehrerinnen sorgen füreinander. Fortwährend bestücken sie die Tische im Lehrerzimmer mit Süßigkeiten und selbst fabriziertem Backwerk. Das ist gut und lobenswert, solange sie noch keine Kinder in die Welt gesetzt haben. Kehren sie aus dem Mutterschutz zurück, finden sich auf den Tischen nur noch vegane Gemüsemuffins wieder. Seltsamerweise werden auch diese Gaben von den Kolleginnen noch mit Lob goutiert, auch wenn in solchen Zeiten immer kollektiv Diät gehalten wird oder eine Magen-Darm-Grippe die Nahrungsaufnahme verhindert. Irgendwann sind die unansehlichen Dinger dann plötzlich verschwunden. Wohin, weiß kein Mensch. Vermutlich ist aber das die Erklärung für den fantastischen Biodünger der Garten-AG.
- Grundschullehrerinnen lieben Verbote. Ob es dabei um das Tauschen von Sammelkarten, das Fußballspielen im Pausenhof oder die Mitnahme von kleineren Spielzeugen geht, ist dabei vollkommen egal. Die Schule ist ein Ort der Ruhe und Konzentration. Die Kinder dürfen in den Pausen gern lesen, sich in rhythmischen Klatschspielen erproben oder Gummitwist spielen. Welche Blüten der allgemeine Reglementierungswahn treiben kann, zeigt folgendes Beispiel.
  Ein befreundeter Kollege wurde von einer Lehrerin nach der großen Pause angesprochen: »Also, du musst dringend mit deinen Jungs über diese ständigen Gewaltausbrüche sprechen. In jeder Pause gibt es deswegen Ärger.« Auf die Nachfrage des Kollegen, was denn die Jungs konkret veranstalteten, ging es unbeirrt weiter: »Na, Schläge und Tritte halt. Also Gewaltspiele. Ich meine, die Kinder berühren sich dabei nicht, aber das ist ja trotzdem Gewalt und gehört nicht an diese Schule!« Und dann wundern wir uns über ADHS.

Die Kollegen ... oder besser: der Kollege

- Grundschullehrer lassen sich mit den Jahren gehen. Fühlen sie sich anfänglich noch wie der Hahn im Korb, reift mit den Jahren die Erkenntnis, dass ihnen niemand die gewünschte Beachtung schenkt. Die Schule ist ein Ort reiner Professionalität. Hier geht es ausschließlich um Kinder, deren Erziehung und die Freveltaten ihrer lästigen Eltern. Grundschullehrer mit über zehnjähriger Berufserfahrung beginnen, ihre Kleidung nur noch unregelmäßig zu wechseln. Nach weiteren zehn Jahren verzichten sie gern auch auf die wöchentliche Rasur sowie den bislang noch halbjährlich festgeschriebenen Frisörbesuch. Haben sie die fünfzig überschritten, bekommen sie in der Öffentlichkeit oft ungewollt Spenden. Spätestens mit Anfang sechzig ist ihre Anwesenheit in einer öffentlichen Einrichtung nicht mehr zu verantworten.
- Treffen zwei Grundschullehrer innerhalb eines Kollegiums aufeinander, bauen sie meist binnen weniger Sekunden eine symbiotische Beziehung auf: untrennbar wie etwa Koalabär und Eukalyptusbaumstamm. Fortan reden sie ausschließlich über Fußball, was dazu führt, dass auch sonst niemand mehr mit ihnen spricht. Anfänglich betrachten sie diesen Umstand noch als Vorteil, mit den Jahren ist das Thema aber erschöpft und die große Leere breitet sich vor ihnen aus wie die unendlichen Steppen der Mongolei.
- Grundschullehrer, die ohne weitere Kollegen an einer Grundschule arbeiten, sind mit dem Kopf oft ganz woanders. Während es in der Gesamtkonferenz wieder einmal um die weitere Verschärfung der Pausenregeln geht, widmen sie sich mit Hingabe der Pflege ihrer seit geraumer Zeit in Vergessenheit geratenen Fingernägel. Oft sind sie dabei derart konzentriert, dass sie die Müdigkeit übermannt, wie sie nur echte Männer übermannen kann. In den meisten Fällen wird die fehlende Reaktion bei der Abstimmung dann als Enthaltung gewertet.

Wie sich die Überpräsenz weiblicher Grundschullehrerinnen auf die Kinder auswirkt, wurde in den vorangegangenen Kapiteln bereits hinlänglich ausgeführt. Der wichtigste Nachteil für die Jungs in einer

Grundschule ist aber in jedem Fall die fehlende Rollenorientierung. Für viele Kinder sind männliche Bezugspersonen gar nicht existent. Das ist gerade für wilde Jungs ein deutlicher Nachteil. Erst seit kurzer Zeit wird man sich dieser Problematik auch öffentlich bewusst. In Bremen gibt es mittlerweile ein Projekt, das es Grundschulen ohne männliche Lehrkräfte erlaubt, für einen Tag einen Lehrer zu mieten. Unter dem Motto »Rent a Teacherman« kommt dann ein Lehramtsstudent an die Schulen, damit die Kinder überhaupt mal einem Mann an der Grundschule begegnen. Ob sich die Situation für die Jungen dadurch wirklich verbessert, möchte ich stark bezweifeln. Zumindest bringt es das Thema aber in die Medien und ist allein schon deshalb eine sinnvolle Maßnahme.

Z wie Zappelphilipp

Irgendwann werden sie euch begegnen. Kinder, die sich an keine Regel halten können, ständig dazwischenreden, im Unterricht aufstehen, vom Stuhl fallen, endlose Diskussionen anzetteln und sich von nichts und niemandem beeindrucken lassen. Nur in seltenen Fällen heißen solche Kinder wirklich Philipp, aber auch ein Zappelluka oder -ahmed kann euch den letzten Nerv rauben. Die weibliche Form des Zappelphilipps lautet übrigens Hampelliese, existiert allerdings nur in der Literatur. In freier Wildbahn sind solcherart auffällige Kinder fast ausnahmslos männlichen Geschlechts, doch dazu später mehr.

Die Ursachen für auffälliges Verhalten sind zahlreich: überforderte Eltern, mangelnde Erziehung, zu wenig Bewegung, zu hoher Medienkonsum, falsche Ernährung. Die Liste ließe sich endlos fortsetzen. Häufig werden auffällige Kinder am Ende leichthin für krank erklärt. Das ist für alle Beteiligten dann die einfachste Lösung. Niemand trägt eine wie auch immer geartete Verantwortung und gegen Krankheiten gibt es bekanntlich Medikamente. Wird ein auffälliges Kind zum Kinder- und Jugendpsychiater geschickt, kommt es immer mit einer Diagnose zurück. In 99 Prozent aller Fälle lautet diese ADHS, was für Aufmerksamkeitsdefizit- und Hyperaktivitätssyndrom steht. Ein schwieriges Wort für schwierige Kinder.

In den letzten Jahren hat die Anzahl diagnostizierter ADHS-Fälle rapide zugenommen, was einem schon merkwürdig vorkommen muss, denn schließlich handelt es sich bei ADHS nicht um eine ansteckende Krankheit. ADHS ist vor allem eines: ein Markt. Allein in den letzten Jahren hat sich die Anzahl der verschriebenen Menge Ritalin laut Spiegel vervielfacht. Wurden im Jahr 1993 noch 34 Kilo verschrieben, waren es im Jahr 2011 bereits 1,8 Tonnen (Forum Spiegel-Online, 2012). Doch nicht nur die Pharmaindustrie profitiert von den oft voreilig gestellten ADHS-Diagnosen. Ganze Armeen von Therapeuten, Heilpraktikern und Ärzten verdienen sich mit der steigenden Anzahl der Zappelphilippe eine goldene Nase. Jede Grundschule hat einen eigens benannten ADHS-Beauftragten, der oder besser die den betroffenen Eltern und Lehrkräften beratend zur Seite stehen soll. Was für ein Aufwand, wenn man dagegenhält, dass es ADHS vielleicht gar nicht gibt.

Das Phänomen der steigenden Anzahl von Kindern mit auffälligem Verhalten ist jedenfalls unbestreitbar. Zu Kranken wurden diese Kinder erst Ende der sechziger Jahre erklärt. Der amerikanische Psychiater Leon Eisenberg klassifizierte das Phänomen der allgemeinen Unruhe und Konzentrationsschwäche als psychische Erkrankung, was die ganze Maschinerie in Bewegung setzte. Kurz vor seinem Tod räumte Eisenberg in einem Interview mit dem Medizinjournalisten Jörg Blech jedoch ein, dass ADHS das Paradebeispiel einer konstruierten Krankheit sei. Kurz gesagt, er wollte einfach etwas veröffentlichen, mit den Folgen schlagen wir uns bis heute herum (Der Spiegel, 06/2012).

Die zappeligen Kinder lassen sich jedenfalls nicht von der Hand weisen. Wie sollte man nun aber mit ihnen umgehen? Diese Frage ist nur schwer zu beantworten, weil ein ernsthaftes Bemühen zur Verbesserung von auffälligem Verhalten das gesamte Umfeld des betroffenen Kindes berührt. Nur wenn alle Beteiligten an einem Strang ziehen, lassen sich wirklich spürbare Verhaltensänderungen bewirken. Häufig spaltet sich die Problematik in verschiedene Teilbereiche auf, und so verlagern sich die Konflikte in eine unüberschaubare Anzahl kleinerer Baustellen (Schule, Elternhaus, Freunde, Großeltern, Verein usw.), sodass es irgendwann unmöglich wird, noch die gesamte Problematik zu überblicken. Sprichwörtlich gesagt könnte man es so ausdrücken: Man sieht den Wald vor lauter Bäumen nicht. Von ADHS betroffene Kinder brauchen aber klare Strukturen, eindeutige Ansagen, gleichbleibende Regeln und sichere Konstanten, mit deren Hilfe sie ihr Leben zuverlässig ordnen können. Wenn in allen Teilbereichen des Lebens andere Regeln gelten, muss man sich nicht wundern, wenn die Kinder der Einhaltung solcher Regeln und Normen keinen besonderen Wert mehr beimessen. Wer mit von ADHS betroffenen Kindern zu tun hat, sollte versuchen, möglichst viele Personen aus dem Umfeld des Kindes an einen Tisch zu bekommen, um gemeinsame Erziehungsstrategien zu erarbeiten, die von allen Beteiligten auch verbindlich eingehalten werden können. So utopisch das klingt, es ist der einzig gangbare Weg. Ritalin stellt ein verhaltensauffälliges Kind zwar ruhig, bisweilen auch so ruhig, dass es im Unterricht einschläft, verlagert die Problematik aber nur auf einen späteren Zeitpunkt und bekämpft keinerlei Ursachen.

Es mag in Einzelfällen sinnvoll sein, eine Verhaltenstherapie mit Hilfe von Medikamenten zu begleiten, doch erscheint es mir als äußerst zweifelhaft, bereits Grundschulkinder an den regelmäßigen Konsum von Tabletten zu gewöhnen, die unter das Betäubungsmittelgesetz fallen und deren Nebenwirkungen Schlafstörungen, Ess-Störungen, Bluthochdruck und vermindertes Wachstum verursachen können.

Wie eingangs schon erwähnt sind von ADHS betroffene Kinder fast ausschließlich Jungen. Mir ist in meiner knapp zwanzigjährigen Berufszeit jedenfalls nur eine Hampelliese begegnet. Zu diesem Phänomen gibt es verschiedene Theorien. Am logischsten erscheint mir, dass Jungen in der heutigen Zeit zu wenig Raum erhalten, sich körperlich auszuprobieren. ADHS-Kinder lassen sich von jedem Reiz beeinflussen und ablenken. Eine Ursache dafür könnte sein, dass in der frühkindlichen Entwicklung zu viele Reize unterdrückt wurden. Kinder sollen heute still und pflegeleicht sein. Sie sollen sich selbst beschäftigen können und werden schon im frühkindlichen Alter mit zahlreichen pädagogischen Angeboten konfrontiert. Insbesondere Jungen benötigen aber auch den Freiraum zum Toben und Spielen nach eigenen Regeln. Oft fehlt dieser Raum, weil sich die Kinder den überwiegenden Teil ihrer Zeit in engen Wohnungen aufhalten oder unter pädagogischer Aufsicht befinden. In vielen Fällen ist es sinnvoller, auf den frühkindlichen Geigen- oder Englischunterricht zu Gunsten selbstbestimmter Spielphasen zu verzichten, auch wenn man im mit harten Ellenbogen ausgetragenen Konkurrenzkampf der Nachbarschaftseltern dann vermeintlich einige Plätze einbüßt.

Während es den vergangenen Elterngenerationen noch relativ egal war, was ihre Kinder am Nachmittag trieben, solange sie keine übermäßigen Sachschäden verursachten oder von der Polizei nach Hause gebracht wurden, ist die heutige Elterngeneration oft viel zu vorsichtig und von der ständigen Sorge zerfressen, ihrem Nachwuchs nicht den optimalen Start ins Leben bieten zu können. Hier wäre weniger oft sehr viel mehr. Auffälligen Kindern kann man jedenfalls nur in den seltensten Fällen mit musikalischer Frühförderung beikommen. Mädchen kommen mit den an sie gestellten Erwartungen oft besser zurecht, während den Jungen die Vorbildrollen fehlen. Umso wichtiger wäre es, mehr männliches Personal für die pädagogische Arbeit mit Kindern zu gewinnen. Es liegt allein an euch, diese Mauer endlich zu durchbrechen.

Und nochmal A wie Abschlusskreis

So, da sind wir nun also wieder beim ersten Buchstaben angelangt. Wiederholung ist die Geißel des 21. Jahrhunderts. Doch jedes Ende ist immer auch ein neuer Anfang und jedem Anfang wohnt ein Zauber inne. Bevor mir die Phrasen nun endgültig ausgehen, möchte ich zum guten Schluss auf ein beliebtes Abschiedsritual aus der Grundschule zurückgreifen: den Abschlusskreis. Alle Leserinnen und Leser kommen im Kreis zusammen, fassen sich an den Händen und dann zählen wir noch einmal gemeinsam die Vorteile des besten Berufs der Welt auf. Das kann eine Weile dauern, aber am Ende hat es hoffentlich jeder verstanden.

Punkt 1, die Abwechslung:
In der Grundschule ist kein Tag wie der andere. Jede Stunde birgt neue Herausforderungen. Im Laufe eurer Karriere werdet ihr auf die unterschiedlichsten Kinder und deren Eltern stoßen. Hier wird man noch mit dem wahren Leben konfrontiert und trifft auf Menschen aller sozialen Schichten. Genau diese Mischung macht unseren Beruf so einzigartig.

Punkt 2, die Nachhaltigkeit:
Die Grundschule ist eine prägende Station in der Biografie jedes Menschen. Niemand vergisst den Namen seiner Grundschullehrerin. Ihr legt den Grundstein, auf dem sich alles Weitere aufbaut. Das ist eine große Verantwortung, die sich mit Stolz und Freude tragen lässt. Das gute Gefühl, immer etwas Sinnvolles zu tun, ist im Arbeitsleben mit Sicherheit eine rühmliche Ausnahme. Der Schlüssel zur inneren Selbstzufriedenheit passt in den wenigsten Fällen in das oft knarzende Schloss der reinen Gewinnmaximierung.

Punkt 3, die Sicherheit:
Grundschullehrerin ist ein Mangelberuf. Im Augenblick sind viele Stellen unbesetzt und die Zahl der schulpflichtigen Kinder steigt stetig an.

Wer sich heutzutage dazu entschließt, Grundschullehrerin zu werden, wird mit großer Wahrscheinlichkeit auch eingestellt. In vielen Bundesländern werden Lehrerinnen nach wie vor verbeamtet. Davon mag man halten, was man will, der Beamtenstaus bringt aber ein hohes Maß an Sicherheit mit sich. Wer einmal auf Lebenszeit verbeamtet wurde, muss sich um seine berufliche Zukunft keinerlei Sorgen mehr machen. Das ist insbesondere in unsicheren Zeiten ein unbestreitbarer Vorteil, von dem man in der freien Wirtschaft nur träumen kann.

Punkt 4, die Freiheit:
Grundschullehrerinnen haben allen Erlassen, Gesetzten und Vorgaben zum Trotz ein hohes Maß an Entscheidungsspielraum. In weiten Teilen eures Berufslebens sind es eure Entscheidungen, die die Richtung vorgeben. Dabei schaut euch niemand über die Schulter und sagt, wie es besser gehen könnte – und besser, das können alle Angestellten dieses Landes laut vernehmlich im Chor singen, geht es bekanntlich immer.

Punkt 5, die Solidarität:
Grundschullehrerinnen verdienen alle das Gleiche. Das sorgt für ein weitgehend ausgewogenes Betriebsklima, weil es den Konkurrenzgedanken an Schulen schlichtweg nicht gibt.

Abwechslung, Nachhaltigkeit, Sicherheit, Freiheit und Solidarität. Mehr kann man von seinem Beruf wirklich nicht erwarten. Fünf Schlagworte, die jedes noch so verlogene Wahlplakat in den Schatten stellen.

Danksagung

Ich möchte mich bei allen Kolleginnen und Kollegen und natürlich bei allen Kindern bedanken, deren Geschichten zu diesem Buch beigetragen haben. Ebenso danken möchte ich Anita Fedorowicz, Christoph Jenisch sowie meiner Lektorin Miriam Frank, die sich mit großem Engagement diesem Projekt gewidmet haben.